Sebastian Schermaul
Die Umsetzung der Karlsbader Beschlüsse an der Universität Leipzig 1819–1848

Juristische Zeitgeschichte
Abteilung 1, Band 24

Juristische Zeitgeschichte
Hrsg. von Prof. Dr. Dr. Thomas Vormbaum

Abteilung 1:
Allgemeine Reihe
Hrsg. von Prof. Dr. Dr. Thomas Vormbaum

Band 24

Redaktion: Anne Gipperich, Katharina Kühne

De Gruyter

Sebastian Schermaul

Die Umsetzung der Karlsbader Beschlüsse an der Universität Leipzig 1819–1848

De Gruyter

ISBN 978-3-11-032144-9
e-ISBN 978-3-11-032148-7

Bibliografische Information der Deutschen Nationalbibliothek

Die Deutsche Nationalbibliothek verzeichnet diese Publikation in der Deutschen Nationalbibliografie; detaillierte bibliografische Daten sind im Internet über http://dnb.d-nb.de abrufbar.

Druck: Hubert & Co. GmbH & Co. KG, Göttingen

♾ Gedruckt auf säurefreiem Papier

Printed in Germany

www.degruyter.com

Meinen Eltern

Inhaltsverzeichnis

Anhang

A) Einleitung

Die Karlsbader Beschlüsse stellten einen der tiefgreifendsten Einschnitte in die kurz zuvor erkämpften neuen Freiheiten der Studenten und Professoren an der Universität Leipzig dar. Sie markierten den ideologischen und politischen Gegenschlag der Regierungen der deutschen Einzelstaaten gegen die neue bürgerliche Universitätsentwicklung und deren „Geist der Freiheit“.[1] Obwohl die – von staatlicher Seite her betrachtet – demagogische Bewegung der Burschenschaften in Leipzig bei der sächsischen Regierung längst nicht die Rolle spielte wie in anderen Staaten, kam es trotz alledem zur Überwachung von Lehrern und Studenten an der Leipziger Universität durch den, gemäß den Karlsbader Beschlüssen eingesetzten, Regierungsbevollmächtigten und die staatlichen Stellen.[2] Die vorliegende Arbeit widmet sich, neben allgemeinen Vorbetrachtungen auf dem Weg zur Ausarbeitung der Karlsbader Beschlüsse, vor allem deren Inhalt und Auswirkungen an der Universität Leipzig. Weiterhin sollen die Arbeit der Mainzer Zentraluntersuchungskommission sowie die Personen und die Arbeit der außerordentlichen Regierungsbevollmächtigten an der Universität Leipzig näher beleuchtet werden.

---

1 *Steiger*, Universitäten und Hochschulen zwischen zwei Revolutionen, in: Magister und Scholaren, Professoren und Studenten, S. 87.

2 *Universität Leipzig – Rektor und Senat*, Festschrift zur Feier des 500jährigen Bestehens der Universität Leipzig, 2. Bd., S. 112.

B) Entwicklungen bis zu den Karlsbader Beschlüssen

Um die Möglichkeit einer Einflussnahme und Beschränkung der Freiheiten durch die jeweiligen Staatsoberhäupter und Regierungen einschätzen zu können, muss zunächst geklärt werden, wie es dazu kommen konnte, dass die Karlsbader Beschlüsse von 1819 überhaupt erlassen und in dieser Intensität in den einzelnen Mitgliedsstaaten des Deutschen Bundes umgesetzt werden konnten.

I. Der Wiener Kongress

Am 30. Mai 1814 wurde in Paris der Friedensvertrag mit Frankreich (Erster Pariser Friede) unterzeichnet. Hauptziel dieses Dokumentes sollte es sein, die mehr als zwei Jahrzehnte dauernde Kriegszeit der Napoleonischen Kriege zu beenden und den Völkern des Kontinents wieder Ruhe und Sicherheit zu garantieren. Im Wesentlichen betrafen die Vereinbarungen das neue Verhältnis Frankreichs zu den in Mitleidenschaft gezogenen Staaten wie auch die zukünftige politische Organisation Deutschlands.[1] Aus diesem Grund sollte ein weiterer Kongress stattfinden, wo Abmachungen getroffen werden sollten, welche zur Vervollständigung der Bestimmungen des Vertrages nötig waren. Es wurde demnach ein Kongress in Wien für den 1. Oktober 1814 anberaumt.[2] Als Ganzes ist der am 1. November 1814 formell eröffnete Wiener Kongress jedoch nie zusammen getreten. Die Beratungen wurden in Vorgesprächen ab September 1814 in deutsche und europäische Angelegenheiten aufgeteilt und besprochen.[3] Dieser Kongress sollte die grundlegende Neuordnung Europas nach dem lang andauernden Krieg beschließen.

Bereits im Ersten Pariser Frieden vom 30. Mai 1814 wurde der Rahmen für die politische Neuordnung Deutschlands abgesteckt. Ein föderatives Band sollte die unabhängigen deutschen Staaten vereinen. Damit war nur vage angedeutet, wie die zukünftige Neugliederung Deutschlands aussehen sollte. Jedoch wurde damit grundlegend festgelegt, dass durch die Betonung der Unabhängigkeit der Einzelstaaten die Bildung eines modernen Nationalstaates nach französischem Vorbild ausgeschlossen war. Aber auch eine Rückkehr zum 1806 untergegan-

---

1 *Langewiesche*, Europa zwischen Restauration und Revolution 1815–1849, 3. Aufl., S. 6 f.

2 *Dyroff*, Der Wiener Kongress 1814/15, S. 18.

3 *Braubach*, Von der Französischen Revolution bis zum Wiener Kongress, in: Handbuch der deutschen Geschichte, Bd. 14, S. 151.

genen Heiligen Römischen Reich Deutscher Nationen war versperrt, denn die deutsche Staatenwelt von 1815 unterschied sich grundlegend von der im Jahre 1789. Die napoleonische Herrschaft in Europa hatte die bestehenden deutschen Strukturen in ihren Grundfesten erschüttert und somit eine Rückkehr zu diesen unmöglich gemacht.[4]

Die erträumte Schaffung eines einheitlichen deutschen Staates, wie es die beteiligten Studenten im Kampfe gegen Napoleon sowie Großteile des deutschen Volkes erhofften, scheiterte somit.[5] Vielmehr wurde durch die Errichtung des Deutschen Bundes durch die Bundesakte vom 8. Juni 1815 ein sich aus Einzelstaaten zusammengesetztes Staatengebilde geschaffen, welches die zersplitterte Kleinstaaterei der Zeit vor den Napoleonischen Kriegen wieder herstellte.[6] Dies ist vor allem daraus ersichtlich, dass der Wiener Kongress vom Prinzip der Restauration – der Wiederherstellung einer legitimen Herrschaft der Fürsten – und einer starken Stellung selbiger nach innen in ihren Staaten sowie der Wiederherstellung der politischen Lage von 1792, geleitet wurde. Im Deutschen Bund, unter der Führung Österreichs, nahmen somit die jeweiligen Fürsten, in ihren Einzelstaaten, wieder eine starke Stellung ein. Vor allem Preußen, dem fast die Hälfte des sächsischen Gebietes zugesprochen wurde, erhielt als Großmacht im Zentrum Europas eine herausragende Stellung. Der sächsische König Friedrich August I. (1750–1827) musste in Preßburg, nach Begegnungen mit den Abgesandten des Wiener Kongresses Metternich[7], Talleyrand[8] und dem Herzog von Wellington[9], dem Verhandlungsresultat und der Abtretung des sächsischen Gebietes an Preußen zustimmen, um überhaupt seine Stellung in dem verbleibenden Rest seines Reiches

4 *Müller*, Der Deutsche Bund 1815–1866, S. 1; *Jenak*, Sachsen, der Rheinbund und die Exekution der Sachsen betreffenden Entscheidungen des Wiener Kongresses, S. 257.

5 *Dyroff*, Der Wiener Kongress 1814/15, S. 99; *Steiger*, Universitäten und Hochschulen zwischen zwei Revolutionen, in: Magister und Scholaren, Professoren und Studenten, S. 87; *Suchenwirth*, Deutsche Geschichte, S. 442.

6 *Schieder*, Vom Deutschen Bund zum Deutschen Reich – 1815–1871, in: Handbuch der deutschen Geschichte, Bd. 15, S. 11 f.

7 Klemens Wenzel Lothar von Metternich (1773–1859), österreichischer Staatsmann, seit 1809 Außenminister, seit dem 25.5.1821 österreichischer Haus-, Hof- und Staatskanzler, vgl. über ihn *Siemann*, Metternich. Staatsmann zwischen Restauration und Moderne.

8 Charles-Maurice de Talleyrand-Périgord (1754–1838), französischer Staatsmann und Diplomat, vgl. über ihn *Willms*, Talleyrand: Virtuose der Macht.

9 Arthur Wellesley, 1. Duke of Wellington (1769–1852), Feldmarschall, britischer Außen- und Premierminister, vgl. über ihn *Keegan*, Die Maske des Feldherrn.

wieder einnehmen zu können. Diese Abtretung wurde dann später im „Friedens Tractat vom 18. Mai 1815“ besiegelt.[10]

Letztlich kann festgestellt werden, dass die erhoffte Einigung der deutschen Staaten somit ausblieb.

Wichtig zu erwähnen ist jedoch, dass bereits in der Deutschen Bundesakte vom 8. Juni 1815, welche ein Minimalkonsens war, welcher als obersten Zweck die Erhaltung der äußeren und inneren Sicherheit des Deutschen Bundes und der Unabhängigkeit und Unverletzbarkeit der einzelnen deutschen Staaten garantieren sollte, in Artikel 18d[11] eine baldige bundeseinheitliche Regelung der Pressefreiheit und des Nachdruckschutzes angekündigt wurde.[12] Diesbezüglich sollten also erste Forderungen des deutschen Volkes in naher Zukunft umgesetzt werden.

II. Gründung der Burschenschaften

Nach dem Ende der Napoleonischen Kriege und der Neuordnung in Europa strebte die akademische Jugend wieder an die Universitäten. Voller Ideale fiel es ihr nicht leicht, sich vom patriotischen Enthusiasmus der Kriegszeit auf die triste Wirklichkeit der neuen deutschen Verhältnisse umzustellen.[13] Die deutsche Nationalbewegung fühlte sich durch die Errichtung eines bloßen Staatenbundes und Versagung der geforderten Freiheiten in ihren Hoffnungen und Forderungen betrogen.[14] Geprägt von den Idealen der Freiheit und mit dem Gedanken an ein einiges und freies Deutschland in Europa fanden sich die Studenten durch die Enttäuschung des Wiener Kongresses schnell wieder zusammen. So erscheint es auch nicht verwunderlich, dass die Gedanken von

---

10 *Jenak*, Sachsen, der Rheinbund und die Exekution der Sachsen betreffenden Entscheidungen des Wiener Kongresses, S. 261.

11 Art. 18. Die verbündeten Fürsten und freyen Städte kommen überein, den Unterthanen der deutschen Bundesstaaten folgende Rechte zuzusichern:
[…] d) Die Bundesversammlung wird sich bey ihrer ersten Zusammenkunft mit Abfassung gleichförmiger Verfügungen über die Preßfreyheit und die Sicherstellung der Rechte der Schriftsteller und Verleger gegen den Nachdruck beschäftigen.

12 *Müller*, Der Deutsche Bund 1815–1866, S. 5.

13 *Wawrykowa*, Die studentische Bewegung in Deutschland im ersten Jahrzehnt nach dem Wiener Kongress, in: Bourgeoisie und bürgerliche Umwälzung in Deutschland, S. 49; *Knaake / Thiele / Tornius / Leonhardt*, Geschichte der Leipziger Burschenschaft Germania 1818–1928, S. 3.

14 *Huber*, Deutsche Verfassungsgeschichte, Bd. 1, Kap. IX, § 40, S. 697.

Ernst Moritz Arndt[15] und Friedrich Ludwig Jahn[16] schnell aufgegriffen wurden. Diese propagierten in ihren Werken und Flugschriften ein einiges Deutschland und eine einheitliche, demokratisch orientierte Studentenschaft an allen Universitäten.[17] Vorherrschend waren dort seit alters her die alten Landsmannschaften. Als neue Bewegung, gegründet auf den Ideen von Arndt und Jahn, sollte sich von nun an die burschenschaftliche Bewegung an den Universitäten auftun. Auf die Gründung der ersten Burschenschaft 1815 in Jena soll an späterer Stelle noch eingegangen werden. Indem sich die Burschenschaft gegen die Zersplitterung und die teils verrohten Sitten des studentischen Lebens in den alten Landsmannschaften wandte, war sie ein Ausläufer der von der bürgerlichen Aufklärung ausgehenden Bewegung zur Zivilisierung und moralischen Erziehung der Studenten, wie der bürgerlichen Gesellschaft überhaupt.[18] Das soll jedoch nicht heißen, dass die Burschenschaft der Vorreiter der Aufklärung war. Vielmehr hingen die Sympathisanten der burschenschaftlichen Idee der romantisch verklärten Unwirklichkeit des frühen 19. Jahrhunderts an.[19] Alleinig in Bezug auf die staats- und gesellschaftspolitischen Neuerungen der Zeit sowie der moralischen Erziehung des Menschen war die Burschenschaft führend. Ernst Moritz Arndt sah jedoch noch andere, drastischere Aspekte. Arndt stand dem bisherigen studentischen Treiben viel kritischer gegenüber als Jahn. Der Komment[20] galt ihm als „schändliche Knechtschaft", die Zweikämpfe als „rechte Pest des Unheils". Er lehnte steife Regeln und Bevormundungen im studentischen Leben ab und sprach sich mehr dafür aus, das Bewusstsein und die Überzeugung in den Mittelpunkt des Wirkens zu stellen, um auf diese Weise die innig gefühlten Pflichten eines jeden Deutschen gegenüber seinem Vaterland zu erfüllen.[21] Mit diesem unbändigen Patriotismus sprach der akademische Lehrer die studentische Jugend an und verlieh somit ihrem Nationalgefühl Ausdruck.[22] Arndt betonte stärker

15 1769–1860, 1801 Privatdozent an der Universität Greifswald, 1806 ao. Professor für Philosophie an der Universität Greifswald, 1818 o. Professor für Geschichte an der Universität Bonn, deutscher Schriftsteller, Abgeordneter der Frankfurter Nationalversammlung.

16 1778–1852, Initiator der deutschen Turnbewegung.

17 *Steiger*, Universitäten und Hochschulen zwischen zwei Revolutionen, in: Magister und Scholaren, Professoren und Studenten, S. 88.

18 *Faber*, GWU 21 (1970), 68, 69; *Huber*, Deutsche Verfassungsgeschichte, Bd. 1, Kap. IX, § 40, S. 705.

19 *Huber*, Deutsche Verfassungsgeschichte, Bd. 1, Kap. IX, § 40, S. 697 f.

20 Bezeichnung für Regeln des studentischen Brauchtums.

21 *Wawrykowa*, Die studentische Bewegung in Deutschland im ersten Jahrzehnt nach dem Wiener Kongress, in: Bourgeoisie und bürgerliche Umwälzung in Deutschland, S. 50.

22 *Huber*, Deutsche Verfassungsgeschichte, Bd. 1, Kap. IX, § 40, S. 700.

das religiöse Moment und wollte demnach das Kreuz als Bundessymbol; die Bundesfeiern sollten mit Gebet und Gottesdienst beginnen. Nichtchristen und Ausländer sollten von diesem Bunde ausgeschlossen sein.[23]

Teilweise wird vertreten, dass die Burschenschaft bereits in ihren Anfängen eine politische Studentenverbindung war, die den Rahmen einer bloßen Organisation der Studenten an der Universität sprengte und allgemeine staats- und gesellschaftspolitische Ziele parteigleich verfolgte.[24] Die Voraussetzung für diesen politischen Charakter soll das Erlebnis der napoleonischen Fremdherrschaft und des nationalen Befreiungskampfes gegen den Unterdrücker gewesen sein. Daraus hätten sich nicht nur die äußere Befreiung, sondern auch die erwarteten inneren Freiheiten und die nationale Einheit, welche zu den politischen Tendenzen führten, entwickelt.[25] Anders sieht dies jedoch zum Beispiel *Bruchmüller* für Leipzig, welcher sich auf den Leipziger Burschenschafter und späteren Kirchenhistoriker Karl von Hase (1800–1890) stützt. Dieser bestreitet entschieden, dass der Burschenschaft damals eine besondere politische Tendenz innegewohnt habe:

> „Die Burschenschaft als solche hatte nichts unmittelbar Politisches an sich, sie dachte nicht an einen sofortigen Einfluss auf den Staat: dennoch hatte sie eine politische Bedeutung und würde die größte Bedeutung erlangt haben, wenn sie, unter einen verständigen Schutz genommen, ihr Ziel erreicht hätte."[26]

Dem kann für die Anfangsjahre der Leipziger Burschenschaft auch zugestimmt werden, weil im Vordergrund der Kampf mit den Landsmannschaften um die Vorherrschaft an der Hochschule stand und politische Fragen gar keine Rolle spielten.[27] Für die spätere Zeit kann aber selbst in Leipzig eine politische Betätigung angenommen werden.

Hierin kann gesehen werden, dass nach den Jahren der Unterdrückung und Fremdherrschaft eine idealistische akademische Jugend hervorgegangen ist,

---

23 *Bruchmüller*, Das deutsche Studententum von seinen Anfängen bis zur Gegenwart, S. 87.

24 So *Asmus*, Die studentischen Burschenschaften in der Auseinandersetzung um die bürgerliche Umgestaltung Deutschlands, in: Studentische Burschenschaften und bürgerliche Umwälzung, S. 21.

25 *Faber*, GWU 21 (1970), 68, 69; vgl. *Hoyer*, Kleine Geschichte der Leipziger Studentenschaft 1409–1989, S. 105, welcher das Politische der Burschenschaft fälschlicherweise im Dienst am Vaterland, der Beförderung der Gerechtigkeit und der Sittlichkeit festmachen zu können glaubt.

26 *Bruchmüller*, Der Leipziger Student 1409–1909, S. 117.

27 *Bruchmüller*, Die Anfänge der Leipziger Burschenschaft, in: Quellen und Darstellungen zur Geschichte der Burschenschaft und der deutschen Einheitsbewegung, Bd. V, S. 35.

die Veränderungen an den Universitäten und im ganzen Deutschen Bund, sei es auch auf dem politischen Wege, anstrebte. Bereits zu dieser Zeit entwickelten sich Ideale innerhalb der Jugend, wie ein ehrenhafter und sittlicher Lebenswandel, Pflege der Vaterlandsliebe, Aufrechterhaltung des Grundsatzes der Freiheit und Betätigung der Wissenschaftlichkeit, welche sich unter den Burschenschaften bis in die heutige Zeit fortsetzen.[28]

1. Gründung der Jenaischen Burschenschaft

Aus diesen Idealen heraus kam es dazu, dass sich am 12. Juni 1815 in Jena die erste deutsche Burschenschaft gründete.[29] Dieser Schritt, der mit besonderer Feierlichkeit in der Öffentlichkeit erfolgte[30], hatte eine erhöhte Bedeutung und darf deshalb als Geburtsstunde der Burschenschaft angesehen werden, weil zuallererst und allein das Ideal der burschenschaftlichen Bewegung, der Zusammenschluss der ganzen Studentenschaft zu einer einzigen, die ganze Hochschule ohne jegliche Gegenvereinigung umspannenden, Verbindung erreicht war.[31] Denn einzig an der Universität Jena lösten sich die bis dahin bestehenden Landsmannschaften Vandalia, Saxonia, Thuringia und Franconia auf, was durch das Senken der Fahnen vor dem Gasthaus „Zur Tanne“ in Jena während eines feierlichen Aktes bezeugt wurde.[32] Die bestehenden Korporationen vereinten zur damaligen Zeit den Großteil der Studentenschaft. Nun traten sie geschlossen der neu gegründeten Burschenschaft bei.[33] Dieser Gedanke einer einheitlichen Studentenschaft geht auch bereits aus dem allgemeinen Teil der Verfassungsurkunde der Jenaischen Burschenschaft vom 21. Juni 1815 hervor:

---

28 Vgl. dazu auch die Verfassung der Deutschen Burschenschaft von 1904, S. 5 f.

29 *Steiger*, Aufbruch, 1. Aufl., S. 33.

30 Eine detaillierte Beschreibung bei *Schröder*, Die Gründung der Jenaer Burschenschaft, das Wartburgfest und die Turnbewegung 1815–1819, in: Studentische Burschenschaften und bürgerliche Umwälzung, S. 70 f.

31 *Bruchmüller*, Das deutsche Studententum von seinen Anfängen bis zur Gegenwart, S. 86; *Hoyer*, Kleine Geschichte der Leipziger Studentenschaft 1409–1989, S. 104.

32 *Schröder*, Die Gründung der Jenaer Burschenschaft, das Wartburgfest und die Turnbewegung 1815–1819, in: Studentische Burschenschaften und bürgerliche Umwälzung, S. 70.

33 *Huber*, Deutsche Verfassungsgeschichte, Bd. 1, Kap. IX, § 40, S. 709.

„Daher soll und darf auf deutschen Universitäten nur eine Einheit bestehen, alle Studierende müssen zu einer Verbindung gehören, alle müssen Mitglieder einer Burschenschaft werden.“[34]

Doch täuschte sich Hase aus Sicht der Regierungen, wenn er glaubte, den unpolitischen und ungefährlichen Charakter der Burschenschaft erwiesen zu haben, indem er das unmittelbare politische Handeln ablehnte. Die Erziehung zu einer, auf so bestimmte politische Ziele gerichteten, Gesinnung war von politischer Tragweite und im Sinne der Regierungen schon ein politisches Handeln. Die Organisation der Burschenschaft sowie die Gleichberechtigung aller Mitglieder, die Übertragung der Entscheidungsgewalt an die allgemeine Versammlung und die Erziehung der Jugend zu einer werdenden Einheit des deutschen Volkes waren ein Protest gegen den gegenwärtigen politischen Zustand und ein Programm für das künftige Handeln.[35]

Somit war der erste Schritt getan, die Studentenschaft an den deutschen Hochschulen zu vereinen und den Forderungen der jungen Akademiker Nachdruck zu verleihen. Durch die Gründung der Burschenschaft und an dem Bild der, in einer freien und gerechten Verfassung zur Wiedererweckung deutscher Gesinnung geeigneten, akademischen Jugend sollte den breiten Volkskreisen die Unhaltbarkeit der bestehenden Zustände, namentlich der nationalen Zerrissenheit, aber auch zugleich das Ziel vor Augen gestellt werden, dem die politische Entwicklung Deutschlands zuzusteuern habe.[36]

2. Gründung der Leipziger Burschenschaft

Auch in Leipzig herrschte innerhalb der Landsmannschaften zunächst eine gewisse Neigung für die Gründung einer allgemeinen Verbindung oder Burschenschaft vor und es waren auch in Leipzig ehemalige Landsmannschafter die Begründer der ersten Burschenschaft.[37] Nachdem die Jenaische Burschenschaft mit Schreiben vom 21. Februar 1818 die Leipziger Landsmannschaften zu einer Burschenversammlung nach Jena eingeladen hatten, änderte sich das zunächst positive Verhältnis zwischen Leipzig und Jena jedoch. Zwar schlugen die Leipziger Landsmannschaften der Jenaischen Burschenschaft Hilfe und die

34 Verfassung der Jenaischen Burschenschaft vom 21. Juni 1815, in: Aus der Zeit der Demagogenverfolgung, S. 23.

35 *Zurhellen*, Karl Hase, in: Quellen und Darstellungen zur Geschichte der Burschenschaft und der deutschen Einheitsbewegung, Bd. VII, Hundert Jahre Deutscher Burschenschaft – Burschenschaftliche Lebensläufe, S. 44.

36 *Haupt*, Handbuch für den Deutschen Burschenschafter 1922, S. 4.

37 *Bruchmüller*, Der Leipziger Student 1409–1909, S. 116; *Hoyer*, Kleine Geschichte der Leipziger Studentenschaft 1409–1989, S. 105.

Gründung eines Kartells vor, jedoch verwiesen sie darauf, dass in Leipzig, solange sie bestehen sollten, keine allgemeine Verbindung oder Burschenschaft entstehen werde und die Landsmannschaften die Alleinvertretung der Studenten darstellten. Dennoch entsandten die Leipziger Landsmannschaften Deputierte zu der Burschenversammlung nach Jena, welche jedoch keine Vollmacht in Bezug auf die Gründung einer Burschenschaft in Leipzig besaßen.[38] Dies bekundete den Umschwung innerhalb der Landsmannschaften in Leipzig, welche eine Auflösung ihrer provinziell geprägten Organisationen zugunsten einer allumfassenden Verbindung ablehnten. Da die Burschenschaft aus ihrem Selbstverständnis und die Leipziger Landsmannschaften aus ihrer Erklärung heraus die Alleinvertretung der Studentenschaft reklamierten, dies jedoch einen prinzipiellen Gegensatz darstellte, war der Kampf um die Vorherrschaft an der Universität vorbestimmt. Hinzu kam, dass die Vertreter der Leipziger Landsmannschaft auf der Burschenversammlung in Jena – und hier vor allem der Senior der Landsmannschaft Thuringia Elster[39] – sich für die Gründung einer Burschenschaft in Leipzig überzeugen ließen. Dies sollte dazu führen, dass sie in Leipzig für die Gründung einer Burschenschaft warben, was im April und Mai 1818 zu herben Streitigkeiten innerhalb der vier Landsmannschaften führte.[40] Federführend waren hier vor allem die Mitglieder der Landsmannschaft Thuringia, welche sich auf Veranlassung ihres Seniors Elster auflöste. Auch ehemalige Mitglieder der Landsmannschaft Lusatia waren maßgeblich für die Gründung der Leipziger Burschenschaft verantwortlich.[41] Vor allem die ehemaligen Mitglieder der Landsmannschaft Thuringia reisten bereits vor der Gründung nach Jena, um bei der dortigen Burschenschaft um Hilfe bei der Gründung einer Burschenschaft in Leipzig zu ersuchen. Diese wurde ihnen auch gewährt. Die Jenaische Burschenschaft schickte im Juni 1818 Abgeordnete nach Leipzig, um dort die Gründung der Leipziger Burschenschaft voranzutreiben und bestehende Konflikte mit den Landsmannschaften zu beseitigen.[42] So kam es am 12. Juni 1818 im Gasthaus zur Grünen Linde in Leipzig, wie auch später noch an anderen Universitäten, zur Grün-

---

38 *Bruchmüller*, Die Anfänge der Leipziger Burschenschaft, in: Quellen und Darstellungen zur Geschichte der Burschenschaft und der deutschen Einheitsbewegung, Bd. V, S. 7 ff.

39 Daniel Elster, geb. unbekannt, Lehrer am Aargauer Lehrerseminar, gest. zu Wettingen 1857.

40 *Bruchmüller*, Die Anfänge der Leipziger Burschenschaft, in: Quellen und Darstellungen zur Geschichte der Burschenschaft und der deutschen Einheitsbewegung, Bd. V, S. 10.

41 *Leonhardt*, Die älteste Leipziger Burschenschaft (1818–1833), S. 13.

42 UAL, Rektor (1409–1951), Rep. II/XVI/I Nr. 5, Blatt 76.

dung einer Burschenschaft, welche zu Beginn bereits 255 Mitglieder umfasste[43] (laut Jenaischem Vorstandsprotokoll gibt Wesselhöft[44] 235 Mitglieder an).[45] Wenn als Gründungstag bisher stets der 7. Juni 1818 angegeben wurde, so stimmt dies ebenfalls nicht. In einem vom 11. Juli 1818 datierten Brief, welcher eine Darstellung der Streitigkeiten mit den Landsmannschaften enthält, teilt die Leipziger Burschenschaft mit, dass die Gründung am 12. Juni stattgefunden habe, dass aber wegen mehrerer Gründe der 7. Juni als Gründungstag festgesetzt worden sei.[46] Was unter diesen mehreren Gründen zu verstehen ist, kann allerdings nicht festgestellt werden. Sofort nach der Gründung steckte die Burschenschaft die drei noch bestehenden Leipziger Landsmannschaften am 2. Juli 1818 in Verruf.[47, 48]

Bereits zu Beginn wurden die akademischen Behörden auf die Burschenschaft aufmerksam. In einem Schreiben des Rektors Rosenmüller[49] an den Oberkonsistorialpräsidenten vom 12. Juli 1818 schilderte dieser die angespannte Stimmung unter den Studenten und forderte zur Wachsamkeit auf. Diese Spannungen liegen sicherlich in den Streitigkeiten zwischen der neuen Burschenschaft und den Landsmannschaften begründet. So berichtet Rosenmüller in seinem Brief von zwei Deputierten der Burschenschaft, welche ihm eine Verfassungsurkunde übergaben und um die Anerkennung der Burschenschaft

---

43 *Bruchmüller*, Kleine Chronik der Universität Leipzig, S. 19; *Hoyer*, Kleine Geschichte der Leipziger Studentenschaft 1409–1989, S. 105.

44 Robert Wesselhöft (1796–1852), deutscher Burschenschafter und Arzt.

45 UAL, Rektor (1409–1951), Rep. II/XVI/I Nr. 5, Blatt 76.

46 UAL, Rektor (1409–1951), Rep. II/XVI/I Nr. 5, Blatt 86; UAL, Dienstbibliothek, Bibl. 146, S. 16. Andere Quellen nennen noch den 18. Juni 1818 als Tag der Schlacht von Belle-Alliance, so SächsHStA Dresden, MKU, 10051, S. 141.

47 Der Verruf, auch Verschiss genannt, ist eine Ehrloserklärung, die zeitlich oder unbefristet sein kann. Gründe konnten sein uncommentmäßiges Verhalten, Bruch des Ehrenwortes, Diebstahl, Betrügerei, Satisfaktionsverweigerung oder Schassen beim Duell, verbotene Stöße oder Hiebe, Umgang mit einem Verschissenen und dergleichen. Der im Verschiss Befindliche durfte an keinerlei studentischer Veranstaltung teilnehmen und keine studentischen Rechte in Anspruch nehmen. Jeder Verkehr mit ihm war verboten. Der Verschiss wurde von einer Verbindung über Einzelne, auch ganze Verbindungen oder Außenstehende verhängt und bedeutete Versagung aller Achtung, besonders der Satisfaktion und jeglichen Verkehrs.

48 Verschisserklärung der Burschenschaft an die Landsmannschaften, SächsHStA Dresden, MKU, 7462.

49 Johann Christian Rosenmüller (1771–1820), 1802 ao. Professor der Anatomie und Chirurgie an der Universität Leipzig, 1804 o. Professor für Chirurgie, 1811 königlich sächsischer Hofrat, 1819 o. Professor für Anatomie; Rektor der Universität Leipzig im Sommersemester 1816, Sommersemester 1818 und Wintersemester 1818, vgl. über ihn *Pagel*, Johann Christian Rosenmüller, in: ADB, Bd. XXIX, S. 221 f.

an der Universität Leipzig baten. Diese wurde ihnen aber versagt, und sie wurden auf eine zunächst stattfindende eingehende Prüfung der Sache vertröstet.[50] Trotz der Versagung der offiziellen Anerkennung fasste die burschenschaftliche Bewegung nun damit auch in Leipzig Fuß, ohne es aber auch nur zu einer vorübergehenden Einigung der ganzen Studentenschaft und zu einer Auflösung der Landsmannschaften wie in Jena zu bringen.[51] Im Juli 1818 erhöhte sich die Zahl der Mitglieder der Burschenschaft auf 300[52] und vereinigte somit etwa 1/3 der Leipziger Studentenschaft, obwohl die Zahl am 20. Dezember 1818 nur noch 220 Mitglieder betrug.[53]

Demnach befand sich die Leipziger Burschenschaft trotz alledem schon bald nach der Gründung in voller Blüte, verfügte über einen Gasthaussaal, über einen Turnplatz, über eine Bibliothek und gab sogar eine eigene Zeitung heraus.[54] Doch bereits in den Anfangsjahren kam es immer wieder zu Auseinandersetzungen mit den örtlichen Landsmannschaften sowie zu ersten Überwachungen durch die Polizeibehörden. Dies erfolgte aber hauptsächlich aufgrund der Tumulte und Schlägereien zwischen Landsmannschaftern und Burschenschaftern auf öffentlichen Straßen und Plätzen.[55] Jedoch stellten die politischen Verfolgungen im Zuge der Karlsbader Beschlüsse, welche noch folgen sollten, diese polizeilichen Untersuchungen bei weitem in den Schatten.

III. Das Wartburgfest

Noch bevor es jedoch in Leipzig zur Gründung der Burschenschaft kam, fand in Eisenach am 18./19. Oktober 1817 das Wartburgfest statt. Das Wartburgfest, zu dem sich über 500 Burschen von fast allen deutschen Hochschulen eingefunden hatten, wurde von der Jenaischen Burschenschaft organisiert und sollte als Erinnerungsfeier zum dreihundertjährigen Reformationsjubiläum sowie der vier Jahre zurückliegenden Völkerschlacht bei Leipzig dienen. Es war die erste Veranstaltung, in der sich die Nation ohne staatlichen Antrieb oder Auftrag äußerte und kann somit als epochaler Vorgang des politischen

50 SächsHStA Dresden, MKU, 7462, S. 1 f.

51 *Bruchmüller*, Der Leipziger Student 1409–1909, S. 116.

52 Die Verrufserklärung an die Landsmannschaften vom 2. Juli 1818 ist unterzeichnet mit „Die aus 276 Mitgliedern bestehende Burschenschaft“.

53 UAL, Dienstbibliothek, Bibl. 146, S. 16; UAL, Rektor (1409–1951), Rep. II/XVI/I Nr. 5, Blatt 95.

54 *Döring*, in: Bünz / Rudersdorf / Döring, Geschichte der Universität Leipzig 1409–2009, S. 614.

55 *Hoyer*, Kleine Geschichte der Leipziger Studentenschaft 1409–1989, S. 106.

Lebens gesehen werden, der eine Manifestation des nationaldemokratischen Lagers in Deutschland bewirkte.[56]

Auch aus Leipzig fanden sich Deputierte der Leipziger Landsmannschaften, namentlich der Saxonia (Trainer I[57] und Hofmann[58])[59] und Lusatia, auf Einladung der Jenaischen Burschenschaft in Eisenach ein.[60] Bei den über die Neugestaltung des akademischen Lebens geführten Verhandlungen prallten die Anschauungen der Vertreter des alten landsmannschaftlichen Wesens und der burschenschaftlichen Führer zunächst hart aufeinander. Unter dem Eindruck der allgemeinen Begeisterung stellte sich aber bald eine völlige Versöhnung der Gegensätze her. Man einigte sich rasch über die Begründung einer „allgemeinen deutschen Burschenschaft", deren Verfassung, nachdem ein erster Jenaischer Burschentag vom März 1818 in den sogenannten „19 Punkten" die Grundzüge festgestellt hatte, am 18. Oktober 1818 auf dem zweiten Burschentag in Jena von Abgeordneten von vierzehn Universitäten unterzeichnet werden konnte. Als Zweck der Burschenschaft bezeichnete die Verfassung die „christlich-deutsche Ausbildung einer jeden leiblichen und geistigen Kraft zum Dienste des Vaterlandes", ferner die Erstrebung von „Einheit, Freiheit und Gleichheit aller Burschen untereinander und möglicher Gleichheit aller Rechte und Pflichten".[61] Das Fest wurde, durch die auf der Wartburg gehaltenen Reden, zur schärfsten antifeudalen und die politischen Zustände anklagenden Protestaktion der Zeit. Neben Feierstunden und politischen Reden wurden am Rande des Festes auf dem Wartenberg unter der Führung studentischer Vertreter des neuen patriotischen Turnwesens von Friedrich Ludwig Jahn öffentlich reaktionäre Schriften sowie Symbole des Absolutismus, der fürstlichen Allgewalt und des stehenden Heeres, wie zum Beispiel ein preußischer Ulanenschnürleib, ein hessischer Soldatenzopf sowie ein österreichischer Korporalstock, verbrannt.[62] Jedoch wurde die Bücherverbrennung nicht in dem Ausmaße durchgeführt, wie oft in den Ausführungen einiger Autoren behaup-

---

56 *Huber*, Deutsche Verfassungsgeschichte, Bd. 1, Kap. IX, § 41, S. 718.

57 Adolf Trainer, geb. unbekannt, Justizrat und Gerichtsdirektor, später Mitglied des Corps Saxonia Jena, gest. zu Triptis 1874.

58 Karl Hofmann von Waldau, geb. unbekannt, Hofrat und Gerichtsdirektor, gest. zu Dresden 1843.

59 *Benecke / Heine*, Geschichte des Corps Saxonia zu Leipzig, S. 21.

60 UAL, Rektor (1409–1951), Rep. II/XVI/I Nr. 5, Blatt 67.

61 *Haupt*, Handbuch für den Deutschen Burschenschafter 1922, S. 6.

62 *Steiger*, Universitäten und Hochschulen zwischen zwei Revolutionen, in: Magister und Scholaren, Professoren und Studenten, S. 89; *Suchenwirth*, Deutsche Geschichte, S. 445; *Balder*, Geschichte der Deutschen Burschenschaft, S. 13; *Huber*, Deutsche Verfassungsgeschichte, Bd. 1, Kap. IX, § 41, S. 720.

tet.[63] In einem Bericht des Weimarischen Staatsministeriums an den Großherzog Karl August[64] über das Wartburgfest wird ausgeführt, dass die Jünglinge das in sie „gesetzte Vertrauen nicht getäuscht" haben.

> „Alle Augenzeugen, unter ihnen die oberen Behörden des Eisenachischen Kreises, bewahrheiten den religiösen Ernst, die würdige Haltung, die Rührung, womit das Fest des 18. Oktober im ganzen gefeiert wurde."

Und so heißt es weiter, dass

> „einzelne darunter erschienen, die, den wahren Sinn des Festes nicht fassend, der von den Gebildeten unter ihnen ausgegangen, Mutwillen zu üben aufgelegt waren; und so geschah es denn, daß in der späten Abendzeit, als mit dem Lodern der Freudenfeuer die jungen Gemüter lebhafter geworden, einige Fremdlinge, die wahrscheinlich nicht alle zu dem Stande der Akademiker gehören, den Mutwillen begingen, unter manchen unziemlichen Äußerungen einige Schriften zu verbrennen."[65]

Unabhängig von der Intensität der Ausschreitungen neben dem eigentlichen Fest, hatte das Wartburgfest in vielfacher Hinsicht bedeutende Auswirkungen. Zu den unmittelbaren Folgen des Festes zählen, neben heftigen publizistisch-politischen Streiten, die ersten Polizeimaßnahmen und eine rege Geheimdiplomatie der deutschen Staaten. Es zeigte sich ein Vordringen der deutschen und europäischen Reaktion, das seinen ersten Höhepunkt nach 1815 auf dem Aachener Kongress[66] der Heiligen Allianz im Herbst 1818 erreichte und auf ein gewaltsames Niederschlagen der bürgerlichen Opposition zusteuerte.[67]

Neben diesen Entwicklungen setzte ein Prozess ein, der zur Kräftigung der Burschenschaft und deren Erweiterung zu einer echten, nicht nur ideellen sondern auch organisatorisch gefestigten Studentenverbindung führte. Ab dem Jahre 1817 entwickelte sich eine bis dahin noch nicht vorhandene Aktivität

---

63 Beispielhaft *Wawrykowa*, Die studentische Bewegung in Deutschland im ersten Jahrzehnt nach dem Wiener Kongress, in: Bourgeoisie und bürgerliche Umwälzung in Deutschland, S. 56.

64 Karl August (1757–1828) war seit 1758 Herzog und seit 1815 Großherzog von Sachsen-Weimar-Eisenach.

65 Bericht des Weimarischen Staatsministeriums an den Großherzog Karl August über das Wartburgfest, in: Aus der Zeit der Demagogenverfolgung, S. 29.

66 Der Aachener Kongress vom 29. September bis zum 21. November 1818 beriet Maßnahmen, um die revolutionär-demokratischen Bewegungen in Europa zu bekämpfen. Auf dem Kongress wurden strenge Maßregeln zur Überwachung des geistigen Lebens und der Universitäten gefordert und die teilnehmenden Großmächte zur Garantie der Grenzen und gesellschaftlichen Verhältnisse verpflichtet.

67 *Nolte*, Demagogen und Denunzianten, S. 77.

und politische Betätigung der Burschenschaft, welche zu einer leidenschaftlichen politischen Diskussion innerhalb der Studentenschaft erwuchs.[68]

IV. Die Ermordung Kotzebues

Dass sich die Burschenschaft politisch radikalisierte, lässt sich tragischerweise am besten am Beispiel der Ermordung August von Kotzebues durch den Studenten und ehemaligen Burschenschafter Karl Ludwig Sand am 23. März 1819 schildern.

1. Die Person Karl Ludwig Sand

Karl Ludwig Sand (1795–1820) studierte nach dem Besuch des Lyzeums in Wunsiedel und des Gymnasiums in Hof und Regensburg zunächst ab 1814 evangelische Theologie in Tübingen[69], meldete sich 1815, nachdem Napoleon aus seinem Exil auf der Insel Elba zurückgekehrt war, beim Freiwilligen Jägerkorps des Rezat-Kreises, mit welchem er jedoch nie an die Front gelangte. Ernüchtert vom Kriegsgeschehen und angewidert vom Soldatenleben kehrte er gegen Jahresende 1815 zu seinen Eltern nach Wunsiedel zurück.[70]

Im Januar 1816 ging Sand nach Erlangen, wo er sich noch im Monat zuvor, nach der Entlassung aus dem Militärdienst, immatrikuliert hatte. Obwohl er sich zunächst nur seinem Theologiestudium widmete, schwangen der nicht zum Tragen gekommene Militäreinsatz und die Ideen einer allgemeinen, alle Studenten umfassenden Burschenschaft, mit der er in Tübingen bereits in Kontakt gekommen war, bei Sand nach.[71] Die Situation der Studentenschaft in Erlangen war jedoch weitaus anders als in Tübingen, so dass die Gründung einer Burschenschaft fast unmöglich war. In Erlangen herrschten traditionell die alten Landsmannschaften vor. Jedoch darf der burschenschaftliche Gedanke der damaligen Zeit, welcher eine geschlossene, alles umfassende Studentenschaft als oberstes Ziel hatte, nicht zu institutionell verstanden werden. Der Gedanke zielte zunächst darauf ab, die Herrschaft der Landsmannschaften, welche durch ihre strenge Hierarchie und sittlich-moralische Verrohung negativ auffielen, zu brechen und eine einige Studentenschaft zu formen,

68 *Steiger*, Aufbruch, 1. Aufl., S. 125.

69 *Lönnecker*, Carl Ludwig Sand, in: NDB, Bd. XXII, S. 413.

70 *Heydemann*, Der Attentäter Karl Ludwig Sand, in: Darstellungen und Quellen zur Geschichte der deutschen Einheitsbewegung im neunzehnten und zwanzigsten Jahrhundert, Bd. XII, S. 14.

71 *Steiger*, Aufbruch, 1. Aufl., S. 180.

welche durch gleichgestellten Umgang und Selbsterziehung der Mitglieder untereinander geprägt war. Die Institution Burschenschaft, als freiwilliger Zusammenschluss aller Studenten, folgte erst kurze Zeit später. Die Verhältnisse in Erlangen erschwerten jedoch, im Vergleich zu anderen Hochschulorten, die Gründung einer solchen Korporation, weil die Erlanger Studentenschaft solchen Ideen völlig abweisend gegenüberstand. Dennoch wollte Sand in Erlangen den Versuch wagen, eine Burschenschaft zu gründen, und erwies sich als unermüdlicher Streiter und Vorkämpfer. Wie beschrieben, war die Situation in Erlangen jedoch denkbar schlecht. Zur damaligen Zeit hatte die Friedrich-Alexander-Universität Erlangen lediglich 150 Studenten, welche unter dem strengen Regiment der Landsmannschaften standen. Die Werbung Sands für die burschenschaftliche Idee wurde also zunehmend erschwert, was schnell zu Vereinzelung und Rückzug ins Private führte. Das Ziel war jedoch weiterhin klar: Sand wollte mit seinen wenigen Freunden die beherrschende Situation der Landsmannschaften an der Universität Erlangen beenden und die burschenschaftliche Idee durchsetzen.

So gründete Sand mit vier weiteren Gesinnungsgenossen am 27. August 1816 eine Burschenschaft in Erlangen und sagte somit den Landsmannschaften offiziell den Kampf an. Dieser währte jedoch nicht lange, da die Landsmannschaften in Erlangen erdrückend stark waren und durch die Nichtanerkennung der Burschenschaft und dauerhaften Verruf diese zur Auflösung zwang, welche auch am 7. Dezember 1817 erfolgte.

Karl Ludwig Sand war in der Zwischenzeit nach Jena gegangen und der dortigen Burschenschaft beigetreten. Die Voraussetzungen in Jena waren komplett konträr zu denen in Erlangen. Jena galt als Hochburg der burschenschaftlichen Bewegung, was nicht wenig an der schützenden Hand des Großherzogs Karl August lag. Sand war in Jena bereits als burschenschaftlicher Vorkämpfer aus seiner Erlanger Zeit bekannt, und so verwundert es nicht, dass er beim Wartburgfest sogleich in den Festausschuss gewählt wurde und ihm die Ehre des Fahnenbegleiters zuteil wurde. Jedoch stach Sand in Jena nie so heraus wie in Erlangen, wo er der einzelne Kämpfer für die burschenschaftliche Idee war. In Jena war er zwar bekannt, jedoch nur einer von vielen. Wie bereits erwähnt, entwickelte sich in der Zwischenzeit, im Nachgang des Wartburgfestes, eine politisch-publizistische Kampagne gegen die Burschenschaft, welche dazu führte, dass diese zum Dauerthema journalistischen Interesses und politischen Argwohns wurde.

2. Die Person August von Kotzebue

Im publizistischen Kampf gegen die Burschenschaft tat sich besonders der Literat und Legationssekretär in russischen Diensten August von Kotzebue (1761–1819) hervor.[72] Im April 1817 hatte sich Kotzebue wieder in seiner Geburtsstadt Weimar niedergelassen und war vom russischen Zaren Alexander I. (1777–1825) beauftragt worden, Berichte und Rezensionen zur politischen, geistigen und kulturellen Lage in Deutschland für den russischen Hof zu verfassen. Zwar war Kotzebue keine Person von politischem Rang oder Einfluss, aber für den Zaren ein gutes Mittel, sich über die Situation in Deutschland zu informieren und so politische Entscheidungen gegenüber den deutschen Staaten zu treffen. Kotzebue hatte sich durch seine „ätzende Feder“, rücksichtslose Schreibweise und seinen skrupellosen Stil ein Heer von Gegnern, vor allem aus der burschenschaftlichen Richtung, geschaffen. In Weimar gab er das „Literarische Wochenblatt“ heraus, in welchem er versuchte, Vorurteile gegenüber Russland aus dem Weg zu räumen. Jedoch unterließ er keine Gelegenheit, sich mit Schriften und Beiträgen gegen die junge Burschenschaft zu richten. Besonders vehement verteidigte Kotzebue die Denkschrift des rumänischen Literaten und Diplomaten Alexander Stourdza (1791–1854) über die Zustände an den deutschen Universitäten, welche im Auftrag des Zaren, für die Delegation des Aachener Kongresses gedacht, unter dem Titel „Mémoire sur l’état de l’Allemagne“ von einem Pariser Buchhändler veröffentlicht worden war. In dieser Schrift bezeichnet Stourdza die deutschen Universitäten als „Brutstätten der Revolution“ und „Sammelplätze aller Irrtümer des Jahrhunderts, aller falschen Theorien, aller lügenhaften Lehren“.[73] Er forderte die Aufhebung der Lehrfreiheit und polizeiliche Überwachung der Lehrer und Schüler.[74] Diesem Urteil schloss sich Kotzebue an, was für Karl Ludwig Sand, welcher sich parallel zu den Pressekampagnen politisch radikalisierte, einen Endpunkt bedeutete und somit in ihm der Plan reifte, Kotzebue zu beseitigen.[75]

---

72 *Huber*, Deutsche Verfassungsgeschichte, Bd. 1, Kap. IX, § 41, S. 728.

73 *Steiger*, Universitäten und Hochschulen zwischen zwei Revolutionen, in: Magister und Scholaren, Professoren und Studenten, S. 87; *Steiger*, Aufbruch, 1. Aufl., S. 167; *Suchenwirth*, Deutsche Geschichte, S. 446; *Nolte*, Demagogen und Denunzianten, S. 77.

74 *Bauer*, Geschichte des Corps Lusatia zu Leipzig 1807–1932, S. 100.

75 *Wawrykowa*, Die studentische Bewegung in Deutschland im ersten Jahrzehnt nach dem Wiener Kongress, in: Bourgeoisie und bürgerliche Umwälzung in Deutschland, S. 61.

3. Das Attentat auf Kotzebue

Der Plan Sands bezüglich der Ermordung Kotzebues reifte bereits 1818, da er dessen Tod bereits am 5. Mai in seinem Tagebuch erwog.[76] Dass es im Jahre 1819 zur Ausführung kam, lässt sich durch die steigende Radikalisierung innerhalb der Jenaischen Burschenschaft erklären, welche letztlich bei der Tatausführung behilflich war. Diese Radikalisierung erfolgte bereits im Herbst 1817, als sich besonders politisch Interessierte innerhalb der Jenaischen Burschenschaft zusammenfanden und im Mai 1818 zu einem Zirkel zusammenschlossen, welcher in seinen Hochzeiten aus 70 Mitgliedern bestand und in dem vor allem politische Gesprächsrunden und Auswertungen politischer Schriften stattfanden. Durch die Teilnahme Sands an diesen Gesprächsrunden erwuchs in dem Theologen der Gedanke, dass jede Tat gerechtfertigt sei, solange sie der tiefen, sittlichen Überzeugung des Täters selbst entspringe und entspreche. Vor allem die radikale Bewegung des deutschen Frühkonstitutionalismus sah die rechte Überzeugung durch jede ihrem Vollzug dienende Tat gerechtfertigt, auch wenn die Tat verbrecherisch war. Diese sittliche Rechtfertigung der sog. Überzeugungstat hatte in der Überzeugungs-Ethik ihre äußerste und gefährlichste Konsequenz.[77] Letzte Zweifel und moralische Widerstände waren somit für Sand aus dem Weg geräumt.

Als weiteres Motiv, neben den publizistischen Tätigkeiten Kotzebues, kann die politische Inhaltsleere des Zirkels gesehen werden, welcher lediglich politisch diskutierte, ohne Vorstellungen über die politische Zukunft der deutschen Staaten zu entwickeln. Sand wollte durch das Attentat die Tatenlosigkeit der Burschenschaft in romantisch verklärter Weise als „mannhafte Tat“ herausfordern.[78]

Letztlich muss in Kotzebue ein Gegenpart zu Sand gesehen werden. Kotzebue forderte durch seine Schriften, aber noch mehr durch seine frivol-schlüpfrigen Theaterstücke, den streng gläubigen Sand zu dieser Tat heraus, welche ihm aufgrund seiner komplett antithetischen Lebensauffassung als nicht verwerflich erschien.[79]

Am 9. März 1819 reiste Sand nun nach Mannheim, wohin Kotzebue und seine Familie übergesiedelt waren. Sand war zu diesem Zeitpunkt jedoch kein Burschenschafter mehr. Um eine Verdächtigung der Burschenschaft zu ver-

---

76 *Lönnecker*, Carl Ludwig Sand, in: NDB, Bd. XXII, S. 413.

77 *Huber*, Deutsche Verfassungsgeschichte, Bd. 1, Kap. IX, § 40, S. 716.

78 *Steiger*, Aufbruch, 1. Aufl., S. 184.

79 *Steiger*, Aufbruch, 1. Aufl., S. 177.

hindern, erklärte er kurz vor seiner Abreise aus Jena seinen Austritt aus der Jenaischen Burschenschaft. Nach langsamer Reise erreichte er am 23. März 1819 Mannheim. Er begab sich am späten Nachmittag zur Wohnung Kotzebues und erdolchte diesen dort. Da eine Flucht unmöglich war, versuchte Sand sich selbst zu töten, scheiterte jedoch und wurde von der Mannheimer Polizei festgenommen.[80] Nach langen Verhören wurde Karl Ludwig Sand schließlich am 5. Mai 1820 zum Tode verurteilt.

4. Zusammenfassung

Die Ermordung des, damals in weiten Kreisen als Verkörperung undeutschen Wesens geltenden, August von Kotzebue durch den Studenten Karl Ludwig Sand sollte für das Schicksal der Burschenschaft schreckliche Folgen haben. Obwohl diese in ihrer Mehrheit den überspannten Vorstellungen Sands, der glaubte, durch seinen Opfertod den christlich-deutschen Ideen der Burschenschaft zu dienen, fern stand, wurde ihr die Verantwortung für seine Tat zugeschoben.[81] Die Mehrheit der Bevölkerung übersah die edlen Motive Sands nicht, sie erkannte aber die gefährlichen Folgen dieser Verzweiflungstat.[82] Diese Tat und die darauf folgenden Karlsbader Beschlüsse führten somit zum Unheil für die fortschrittlichen Studenten und Professoren im Allgemeinen, aber im Speziellen für die Burschenschaften an allen deutschen Hochschulen.[83]

80 *Steiger*, Aufbruch, 1. Aufl., S. 185; Brief Varnhagen von Ense an Freiherrn von Tettenborn, in: Aus der Zeit der Demagogenverfolgung, S. 33 f.

81 *Haupt*, Handbuch für den Deutschen Burschenschafter 1922, S. 8.

82 *Wawrykowa*, Die studentische Bewegung in Deutschland im ersten Jahrzehnt nach dem Wiener Kongress, in: Bourgeoisie und bürgerliche Umwälzung in Deutschland, S. 61.

83 *Malettke*, Zur politischen Bedeutung des Wartburgfestes im Frühliberalismus, in: Darstellungen und Quellen zur Geschichte der deutschen Einheitsbewegung im neunzehnten und zwanzigsten Jahrhundert, Bd. XIV, S. 29.

C) Die Karlsbader Beschlüsse

I. Auslöser und Erlass

Das Attentat Karl Ludwig Sands auf August von Kotzebue kam für den österreichischen Außenminister Metternich wie gerufen. Dieser hatte bereits seit langem vor, etwas gegen die reformatorischen Bestrebungen der Burschenschaften zu unternehmen. Für Metternich stand sowieso fest, dass hinter diesem Attentat ein Mitglied der Burschenschaft steckte, wie aus einem Schreiben Metternichs an seinen Berater von Gentz[1] hervorgeht: „Ich für meinen Teil hege keinen Zweifel, daß der Mörder nicht aus eigenem Antrieb, sondern infolge eines geheimen Bundes handelte."[2] Das Attentat gab somit Metternich und den Hauptmächten des Deutschen Bundes den willkommenen Anlass, die Machtmittel des Bundes und seiner Mitgliedsstaaten gegen die studentische Bewegung einzusetzen.[3]

Nachdem bereits auf einem Treffen zwischen Metternich und Hardenberg[4] in Teplitz am 1. August 1819 die gemeinsame Bundespolitik zwischen Österreich und Preußen erarbeitet und mit der „Teplitzer Punktation" die erarbeiteten Grundsätze zusammengefasst worden waren, trafen sich vom 6.–31. August 1819 die Minister von zehn deutschen Staaten[5] zu 23 Konferenzen in Karlsbad, um die entscheidenden Maßnahmen zu beschließen.[6] Neben der Beschlussfassung des Untersuchungsgesetzes waren noch weitere drei Gesetzesentwürfe Gegenstand der Verhandlungen (Universitätsgesetz, Preßgesetz, Executionsordnung), welche den Deutschen Bund in die Lage versetzen sollten, wirksam

1 Friedrich von Gentz (1764–1832), deutsch-österreichischer Schriftsteller, Staatsdenker und Politiker, vgl. über ihn *Mann*, Friedrich von Gentz.

2 Brief Metternich an Gentz vom 9.4.1819, in: Aus der Zeit der Demagogenverfolgung, S. 35.

3 *Malettke*, Zur politischen Bedeutung des Wartburgfestes im Frühliberalismus, in: Darstellungen und Quellen zur Geschichte der deutschen Einheitsbewegung im neunzehnten und zwanzigsten Jahrhundert, Bd. XIV, S. 29; *Steiger*, Universitäten und Hochschulen zwischen zwei Revolutionen, in: Magister und Scholaren, Professoren und Studenten, S. 90.

4 Karl August Freiherr von Hardenberg (1750–1822), preußischer Staatsmann, 1804–1806 preußischer Außenminister, 1810–1822 preußischer Staatskanzler.

5 Österreich, Preußen, Bayern, Sachsen, Hannover, Württemberg, Baden, Mecklenburg-Schwerin, Mecklenburg-Strelitz und Nassau.

6 *Huber*, Deutsche Verfassungsgeschichte, Bd. 1, Kap. IX, § 42, S. 734.

gegen die angeblich staats- und bundesfeindliche Bewegung vorzugehen.[7] Neben den, noch näher zu betrachtenden, Gesetzesinhalten, einigten sich bereits am ersten Sitzungstag die Minister darüber, eine vom Bund ausgehende Zentralkommission zu bilden, die die Aufgabe haben sollte, als oberste Behörde die bereits entdeckten politischen Umtriebe, von zentraler Stelle aus, in ihrem gesamten Ausmaß zu untersuchen und, zusammen mit der Polizei der einzelnen Bundesstaaten, aufzudecken. Nur eine Zentralbehörde, die mit ausreichender Machtbefugnis ausgestattet sei, könne, so die Ansicht der Minister, diese schwierige Aufgabe bewältigen.[8]

Der Beschluss von Karlsbad genügte jedoch nicht, um ein Gesetz durchzusetzen, welches im gesamten Deutschen Bund Geltung erlangen sollte. So musste den Karlsbader Beschlüssen noch auf dem Frankfurter Bundestag zugestimmt werden. Am 16. September 1819 legte der österreichische Bundestagsvertreter Graf Johann Rudolf Buol-Schauenstein (1763–1834) in der 34. Sitzung des Bundestages in Frankfurt die in Karlsbad gefassten Beschlüsse vor und verlangte in ultimativem Ton eine Annahme binnen vier Tagen.[9] Dies widersprach jedoch den „Spielregeln des Frankfurter Bundestages".[10] Diese sahen bisher vor, dass die Bundestagsvertreter den Anträgen nur nach vorher eingeholter Zustimmung ihrer Regierungen zustimmen konnten, wofür vier Tage zu wenig waren. Aufgrund des scharfen Tons des österreichischen Bundestagsvertreters wagten die übrigen deutschen Staaten jedoch keinen Widerspruch. Lediglich einige Vertreter stimmten nur unter Vorbehalt zu.[11] Somit wurden in der Abstimmung vom 20. September 1819 die Karlsbader Beschlüsse in formell rechtswidriger Weise vom Bundestag ratifiziert und erlangten ab diesem Zeitpunkt im gesamten Deutschen Bund Geltung. Im Königreich Sachsen wurden sie durch Mandat vom 13. November 1819 in Kraft gesetzt.[12]

---

7 *Weber*, Die Mainzer Zentraluntersuchungskommission, S. 3.

8 *Weber*, Die Mainzer Zentraluntersuchungskommission, S. 5.

9 *Huber*, Deutsche Verfassungsgeschichte, Bd. 1, Kap. IX, § 42, S. 735; *Brümmer*, Staat kontra Universität, S. 39.

10 *Polster*, Politische Studentenbewegung und bürgerliche Gesellschaft, in: Darstellungen und Quellen zur Geschichte der deutschen Einheitsbewegung im neunzehnten und zwanzigsten Jahrhundert, Bd. XIII, S. 95.

11 *Steiger*, Aufbruch, 1. Aufl., S. 190.

12 *Hoyer*, Kleine Geschichte der Leipziger Studentenschaft 1409–1989, S. 107.

II. Inhalt

Wie bereits angesprochen, setzten sich die Karlsbader Beschlüsse aus mehreren Einzelgesetzen zusammen. Nachfolgend sollen die Wichtigsten bezüglich ihres Inhaltes näher beleuchtet werden.

1. Untersuchungsgesetz

Das „Gesetz zur Bestellung einer Zentralbehörde zur nähern Untersuchung der in mehreren Bundesstaaten entdeckten revolutionären Umtriebe"[13] (Untersuchungsgesetz), beschlossen am 20. September 1819, schuf eine Zentraluntersuchungskommission des Deutschen Bundes in der Festungsstadt Mainz (Mainzer Zentraluntersuchungskommission/MZUK), bei der alle Fäden bezüglich der Untersuchungen zusammenlaufen sollten.[14]

a) Aufbau

Gemäß Artikel 1 des Untersuchungsgesetzes sollte sich, vierzehn Tage nach dem Beschluss auf dem Frankfurter Bundestag, die Kommission erstmalig in der Stadt und Bundesfestung Mainz versammeln. Tatsächlich erfolgte die Konstituierung jedoch erst am 8. November 1819, da die meisten Regierungen der Kommission abweisend gegenüber standen und die Anweisungen hinsichtlich der Besetzung mit Kommissaren und Sekretären nur zögernd erteilten.[15] Die Zentraluntersuchungskommission sollte, mit Einschluss des Vorsitzenden, aus sieben Mitgliedern bestehen, welche von der Bundesversammlung durch Mehrheit der Stimmen der engeren Versammlung (bestehend aus Österreich, Preußen, Bayern, Hannover, Baden, Hessen-Darmstadt und Nassau)[16] zu ernennen waren (Artikel 3 S. 1). Die Mitgliedschaft war dabei nicht personell bestimmt, sondern auf den Mitgliedsstaat des Deutschen Bundes bezogen. Dieser entsandte wiederum einen Deputierten in die Zentraluntersuchungskommission. Dieser Kommissar musste gemäß Artikel 4 Staatsdiener sein, der

---

13 Siehe Anlage 1.

14 *Steiger*, Universitäten und Hochschulen zwischen zwei Revolutionen, in: Magister und Scholaren, Professoren und Studenten, S. 92; *Polster*, Politische Studentenbewegung und bürgerliche Gesellschaft, in: Darstellungen und Quellen zur Geschichte der deutschen Einheitsbewegung im neunzehnten und zwanzigsten Jahrhundert, Bd. XIII, S. 95; *Haupt*, Handbuch für den Deutschen Burschenschafter 1922, S. 10.

15 *Weber*, Die Mainzer Zentraluntersuchungskommission, S. 19.

16 *Petzold*, Die Zentral-Untersuchungs-Kommission in Mainz, in: Quellen und Darstellungen zur Geschichte der Burschenschaft und der deutschen Einheitsbewegung, Bd. V, S. 173.

in richterlichen Verhältnissen stand, gestanden hatte oder wichtige Untersuchungen instruiert hatte. Dem Kommissar wurde ein Aktuarius oder ein Sekretär von seiner Regierung beigegeben, welche zusammen das Kanzleipersonal bildeten. Weitere organisatorische Aufgabe der Kommissare war die Wahl eines Vorsitzenden nach der Konstituierung der Kommission aus ihrer Mitte.[17] Der Vorsitzende verteilte die zu erledigenden Geschäfte an die einzelnen Mitglieder, wobei Beschlüsse der Kommission nach vorgängigem Vortrag mit Stimmenmehrheit gefasst wurden (Art. 4 S. 4).

b) Zweck

Der Zweck dieser Zentraluntersuchungskommission war gemäß Artikel 2 die gemeinschaftliche, möglichst gründliche und umfassende Untersuchung und Feststellung des Tatbestandes der sowohl gegen den ganzen Bund als auch gegen einzelne Bundesstaaten gerichteten revolutionären Umtriebe und demagogischen Verbindungen. Zur Erreichung dieses Zweckes sollte die Kommission die Oberleitung der in verschiedenen Bundesstaaten teils schon angefangenen oder noch anzufangenden Lokaluntersuchungen übernehmen (Artikel 5 S. 1).

Die Mainzer Zentraluntersuchungskommission war eine außerordentliche, vom Bunde ausgehende und auch nur ihm unterstellte, Zentralbehörde. Sie war eine aus Rechtskundigen bestehende Untersuchungsbehörde, aber kein Gerichtshof. Selbiger hat seine Untersuchungen nach dem Gesetz zu führen und das Verfahren mit einem Urteil abzuschließen, welches nicht über den Bundesstaat hinausging. Die Zentraluntersuchungskommission im Gegenzug war abhängig von den Befehlen der Bundesversammlung. Sie war mehr ein Koordinierungsorgan und erstreckte ihr Hauptbemühen auf die Beförderung der Untersuchungen im Gesamtgebiet der Bundesstaaten. Sie war somit mehr eine politische Einrichtung, als ein Gericht.[18]

c) Verhältnis zu den Lokalbehörden

Damit die Kommission schnell ihre Arbeit aufnehmen konnte, sollten die Behörden, welche die Untersuchungen bis dahin geführt hatten, von ihren Regierungen angewiesen werden, die Akten in kürzester Zeit, unter Andro-

---

17 Erster Vorsitzender war der am 8. November 1819 mit zwei Gegenstimmen gewählte österreichische Kommissar Schwarz.

18 *Petzold*, Die Zentral-Untersuchungs-Kommission in Mainz, in: Quellen und Darstellungen zur Geschichte der Burschenschaft und der deutschen Einheitsbewegung, Bd. V, S. 174.

hung von Verhaftung der inkulpierten Personen, an die Kommission zu übersenden (Artikel 5 S. 2). Dabei wurden die Lokalbehörden jedoch nicht vollkommen entmachtet. Diese sollten vielmehr weiterhin zur Entdeckung führende Spuren unverzüglich verfolgen, wobei die Zentraluntersuchungskommission davon in Kenntnis zu setzen war. Sollte in einem Bundesstaat noch keine solche Lokalbehörde oder Kommission bestehen und noch keine Untersuchungen eingeleitet worden sein, so sollte dies, auf Ansinnen der Zentraluntersuchungskommission, noch vorzunehmen sein und die errichtete Behörde der MZUK namhaft gemacht werden (Artikel 6 S. 2). Sollten bereits solche Behörden bestehen, so sollten die Bundesglieder verpflichtet sein, diese der MZUK anzuzeigen (Artikel 6 S. 1).

d) Arbeitsweise

Die Arbeitsweise der Kommission wurde hauptsächlich in Artikel 7 geregelt. Demnach war die Zentraluntersuchungskommission berechtigt, zur Erhebung von Informationen das ein oder andere Individuum selbst zu vernehmen. Hierbei wandte sie sich bezüglich der Festnahme an die Staatsbehörden der Bundesglieder, welche der MZUK gemäß Artikel 6 bekannt gemacht worden waren. Diese Personen waren danach sicher nach Mainz abzuführen. Die Kosten der Kommission sowie der Untersuchungen waren vom Deutschen Bund zu tragen (Artikel 8 S. 2).

e) Rechenschaftspflicht

Entgegen der Annahme, dass die Zentraluntersuchungskommission keinerlei Rechenschaft ablegen musste, statuierten die Artikel 9 und 10 eine Pflicht zur Berichtablieferung an die Bundesversammlung. So schreibt Artikel 9 vor, dass die Zentraluntersuchungskommission, sollte sie weitere Verhaftungsbefehle einholen wollen, dies an die Bundesversammlung zu berichten hat, welche zur Einleitung der Beschlüsse über die Verhaftung eine Kommission von drei Mitgliedern aus ihrer Mitte ernannte. Weiterhin hatte die MZUK von Zeit zu Zeit einen Bericht über die Resultate ihrer Untersuchungen an die Bundesversammlung zu erstatten. Die Bundesversammlung sollte dann im Einzelnen, nach den abgeschlossenen Untersuchungen und den sich aus den weiteren Verhandlungen ergebenden Resultaten, weitere Beschlüsse bezüglich der Einleitung von gerichtlichen Verfahren fassen.

f) Kritik an dem Untersuchungsgesetz

Die historische Stellung der Mainzer Zentraluntersuchungskommission wird in ihrer ganzen Tragweite erst sichtbar, wenn man bedenkt, dass sie die einzige gesamtdeutsche Institution war, die die deutsche Bevölkerung von den Regierungen als Ergebnis der hart erkämpften Siege von Leipzig bis Waterloo vorgesetzt erhielt.[19] Mit der Errichtung der Mainzer Zentraluntersuchungskommission war der Schritt zur Schaffung einer institutionellen Macht getan, die unter Missachtung der Eigenständigkeit der „souveränen" Staaten gegen deren Untertanen vorgehen konnte. In Bezug auf Bayern fasste der bayerische Kronprinz Ludwig in einem Brief an seinen Vater vom 1. Oktober 1819 seine Bedenken gegen das Untersuchungsgesetz zusammen. Als gravierendsten Punkt sieht er die „Verletzung der Verfassung", „also einen Eidbruch", wenn die Zentraluntersuchungskommission, „das Mainzer Tribunal", bayerische Untertanen verurteilen darf, obwohl die bayerische Verfassung bestimmt, dass niemand seinem ordentlichen Richter entzogen werden kann.[20] Durch die Opposition des Kronprinzen und einiger Minister enthielt die Veröffentlichung der Karlsbader Beschlüsse in Bayern am 16. Oktober 1819 einen Verfassungsvorbehalt.[21]

Ungeachtet dessen machte sich die Mainzer Zentraluntersuchungskommission an die Arbeit. Dies geschah jedoch nicht, um den sachlichen Tatbestand zu ermitteln und für das jeweilige Verbrechen einen Täter, sondern um für den Täter das jeweilige Verbrechen zu suchen. So kam es, dass nach über neun Jahren Untersuchungstätigkeit mit planmäßiger Gründlichkeit und ungeheurem Zeit- und Arbeitsaufwand neben Briefen, Tagebüchern, Aufsätzen und Verhandlungsberichten eine geschlossene Kette von Verschwörungen konstruiert wurde, welche Metternich zu sehen wünschte. Die Aufwendungen standen jedoch in keinem Verhältnis zu dem zusammenfassenden Haupt- und Schlussbericht, welcher am 14. Dezember 1827 der Bundesversammlung vorgelegt wurde.[22]

---

19 *Steiger*, Aufbruch, 1. Aufl., S. 207.

20 Brief Kronprinz Ludwigs an König Max Joseph, in: *Lerchenfeld*, Aus den Papieren des k. b. Staatsministers Maximilian Freiherrn von Lerchenfeld, S. 292/293.

21 *Polster*, Politische Studentenbewegung und bürgerliche Gesellschaft, in: Darstellungen und Quellen zur Geschichte der deutschen Einheitsbewegung im neunzehnten und zwanzigsten Jahrhundert, Bd. XIII, S. 96.

22 *Schulze-Westen*, Das Vermächtnis der Urburschenschaft, 2. Aufl., S. 205 f.; *Huber*, Deutsche Verfassungsgeschichte, Bd. 1, Kap. IX, § 43, S. 747.

2. Universitätsgesetz

Der „Provisorische Beschluss der Bundesversammlung vom 20. September 1819 über die in Ansehung der Universitäten zu ergreifenden Maßregeln"[23] (Universitätsgesetz) sorgte für die strenge politische Überwachung der Universitäten sowie der auf ihnen vertretenen Ideen.

a) Der Regierungsbevollmächtigte

Zur Erreichung dieses Zwecks sollten an allen Hochschulen sogenannte außerordentliche Regierungsbevollmächtigte eingesetzt werden, die gegenüber dem Rektor und allen Universitätsangehörigen übermäßige Vollmachten erhielten.

So schreibt § 1 des Universitätsgesetzes vor, dass an jeder Universität ein mit zweckmäßigen Instruktionen und ausgedehnten Befugnissen versehener, am Ort der Universität residierender, außerordentlicher landesherrlicher Bevollmächtigter entweder in der Person des bisherigen Kurators oder eines anderen von der Regierung dazu befundenen Mannes angestellt werden soll. Die Aufgabe dieses Bevollmächtigten bestand darin, über die Einhaltung der bestehenden Gesetze und Disziplinarvorschriften an der Universität zu wachen. Weiterhin sollte er die Ideen und den Geist der akademischen Lehrer, bei ihren öffentlichen und privaten Vorträgen, in Bezug auf politische Äußerungen und allgemein allem, was die künftige Bestimmung der studierenden Jugend in ihrer berechneten Richtung widerspricht, ohne sich in die Lehrmethoden oder das Wissenschaftliche einzumischen, überwachen. Letztlich sollte er dem Benehmen der Studenten in Bezug auf die Beförderung der Sittlichkeit, der guten Ordnung und des äußeren Anstandes seine unausgesetzte Aufmerksamkeit widmen. Der Regierungsbevollmächtigte sollte jedoch nicht unbeschränkte Gewalt haben. Vielmehr sollte sein Verhältnis zum akademischen Senat in den ihm von den jeweiligen obersten Staatsbehörden zu erteilenden Instruktionen mit Rücksicht auf die Umstände, durch welche die Ernennung des Bevollmächtigten veranlasst worden ist, so genau als möglich festgesetzt werden.

Der Regierungsbevollmächtigte erhielt somit eine ausgeprägte Machtfülle und war quasi dem Rektor vorgesetzt. So sollte in Preußen zum Beispiel jeglicher Schriftverkehr zwischen Universität und Kultusministerium über den Regierungsbevollmächtigten erfolgen. Dieser hatte regelmäßig Bericht über die Verhältnisse an der Universität abzugeben und oftmals Vortrag beim zuständi-

23 Siehe Anlage 2.

gen Minister zu halten. Dass sich aufgrund dieser Machtfülle Spannungen zwischen Universität und dem außerordentlichen Bevollmächtigten ergeben sollten, war schnell ersichtlich.[24]

b) Vorgehen gegen die akademischen Lehrer

Das Universitätsgesetz regelte jedoch nicht nur die Einsetzung eines Regierungsbevollmächtigten, sondern auch, dass akademische Lehrer unter bestimmten Voraussetzungen von der Universität entfernt werden konnten. § 2 des Universitätsgesetzes ordnete an, dass sich die Bundesregierungen der Mitgliedsstaaten gegenseitig verpflichteten, Universitäts- und andere öffentliche Lehrer von der Universität zu entfernen. Dies sollte geschehen, wenn diese erweislich von ihren Pflichten, durch Überschreitung der Grenzen ihres Berufes, durch Missbrauch ihres rechtmäßigen Einflusses auf die Gemüter der Jugend, durch Verbreitung verderblicher, der öffentlichen Ordnung und Ruhe feindselig gegenüberstehender oder die Grundlage der bestehenden Staatseinrichtungen untergrabender Lehren, abweichen und somit ihre Unfähigkeit zur Verwaltung des ihnen anvertrauten wichtigen Amtes unverkennbar an den Tag legen. Eine Maßregelung dieser Art hatte auf Antrag des der Universität vorgesetzten Regierungsbevollmächtigten zu geschehen, welcher einen von demselben ausgearbeiteten Bericht voraussetzte. Die Bundesregierungen bzw. die zuständigen Ministerien waren danach verpflichtet, den Hochschullehrer aus dem Dienst zu entfernen. Ein disziplinar- oder strafgerichtliches Verfahren wurde nicht eröffnet, so dass dem Betroffenen jeglicher Schutz verwehrt wurde. Jeder politisch verdächtige oder missliebige Lehrer konnte somit durch eine unanfechtbare Verwaltungsentscheidung aus dem Dienst entfernt werden.[25] Ein solcher Lehrer durfte danach in keinem anderen Bundesstaat bei irgendeiner öffentlichen Lehranstalt wieder eingestellt werden.[26]

c) Vorgehen gegen die Studenten

Mit gleicher Härte wie gegen die Hochschullehrer wurde gegen die Studenten vorgegangen. Die Burschenschaft wurde als staatsverbrecherisch verboten, alle Burschenschafter sollten zwangsexmatrikuliert und auf Lebenszeit an keiner

---

24 *Brümmer*, Die staatsrechtliche und hochschulpolitische Funktion der außerordentlichen Regierungsbevollmächtigten 1819–1848, besonders an der Universität Halle-Wittenberg, in: Studentische Burschenschaften und bürgerliche Umwälzung, S. 108.

25 *Huber*, Deutsche Verfassungsgeschichte, Bd. 1, Kap. IX, § 43, S. 740.

26 *Steiger*, Universitäten und Hochschulen zwischen zwei Revolutionen, in: Magister und Scholaren, Professoren und Studenten, S. 91; *Steiger*, Aufbruch, 1. Aufl., S. 205.

anderen Universität mehr aufgenommen werden.[27] So schreibt § 3 des Universitätsgesetzes vor, dass die bestehenden Gesetze gegen geheime oder unautorisierte Verbindungen auf den Universitäten aufrechterhalten und insbesondere auf den seit einigen Jahren unter dem Namen der Allgemeinen Burschenschaft bekannten Verein auszudehnen seien. Dies wird damit begründet, dass dem Verein die schlechterdings unzulässigen Voraussetzungen einer fortdauernden Gemeinschaft und Korrespondenz zwischen den verschiedenen Universitäten zugrunde gelegt wurde. Aus diesem Grunde sollten die Regierungsbevollmächtigten in Ansehung dieses Punktes eine besondere Wachsamkeit walten lassen. Studenten, die aufgrund eines vom Regierungsbevollmächtigten bestätigten oder auf dessen Antrag erfolgten Beschlusses eines akademischen Senates von einer Universität verwiesen wurden oder welche sich, um einem solchen Beschluss zu entgehen, von einer Universität entfernt hatten, sollten gemäß § 3 Universitätsgesetz auf keiner anderen Hochschule mehr zugelassen werden. Überhaupt sollte kein Student an einer Universität mehr zugelassen werden, insofern ihm nicht durch die Universität, welche er verlassen hatte, ein befriedigendes Zeugnis seines Wohlverhaltens ausgestellt wurde. Es kam außerdem noch erschwerend hinzu, dass Personen, die erweislich in geheimen oder unautorisierten Verbindungen geblieben oder in solche eingetreten sind, gemäß § 4 Universitätsgesetz bei keinem öffentlich Amt in einem Bundesstaat mehr zugelassen werden sollten.[28]

3. Pressegesetz

Die „Provisorischen Bestimmungen hinsichtlich der Freiheit der Presse“[29] (Pressegesetz) führten eine strenge Zensur ein und trafen die bürgerliche Opposition an ihrem Lebensnerv.

a) Verbotsobjekte

Gegenstände der Zensur waren gemäß § 1 Pressegesetz Schriften, die in der Form täglicher Blätter oder heftweise erschienen als auch solche Schriften, die nicht über 20 Bogen (320 Seiten) im Druck stark waren. Solche Druckerzeugnisse durften in keinem deutschen Bundesstaat ohne Vorwissen und vorhergehender Genehmigung der Landesbehörden gedruckt werden. Das hieß jedoch nicht, dass andere Schriften zensurfrei blieben. Sollte eine Schrift nicht in

---

27 *Steiger*, Universitäten und Hochschulen zwischen zwei Revolutionen, in: Magister und Scholaren, Professoren und Studenten, S. 91; *Hase*, Ideale und Irrtümer, 7. Aufl., S. 67.

28 *Steiger*, Aufbruch, 1. Aufl., S. 206.

29 Siehe Anlage 3.

diese Klassifizierung fallen, so oblag es dem jeweiligen Bundesstaat, ein weitergehendes Gesetz zu erlassen, wie solche Schriften zu behandeln seien. Sollten trotz alledem Schriften nicht der Zensur unterliegen, auch wenn das jeweilige Gesetz des Bundesstaates dies rechtfertigte, so konnte der Verfasser oder Verleger der Schrift trotzdem nach den in den einzelnen Bundesstaaten bestehenden Formen durch die Regierung eines Staates angeklagt werden, wenn die Schrift in irgendeinem Bundesstaate Anlass zur Klage gab. Damit diese weite Auslegung möglichst selten vorkam, waren die einzelnen Regierungen gemäß § 2 angehalten, die erforderlichen Mittel und Vorkehrungen zu treffen, um den Hauptbestimmungen des § 1 vollständig Genüge zu tun. Sollten bereits Gesetze in den einzelnen Bundesstaaten bestehen, die sich auf Schriften bezogen, die unter die Klassifizierung des § 1 fielen, so konnten diese Gesetze, welche auf gerichtliche Verfolgung und Bestrafung der im Wege des Drucks bereits verwirklichten Missbräuche und Vergehen Bezug nahmen, nicht als zureichend betrachtet werden, wenn es die in § 1 bezeichneten Druckschriften nicht der Zensur unterwarf (§ 3). Beispielhaft kann hier das seit Dezember 1788 in Preußen geltende Wöllnersche Zensur-Edikt angeführt werden. In Preußen wurde die, für umfangreichere Werke zugelassene, Zensurfreiheit noch besonders ausgeschlossen, indem das Edikt sämtliche Druckschriften, ohne Unterschied des Umfanges, der Zensur unterwarf.[30]

b) Verantwortlichkeit der Bundesstaaten

Damit das Pressegesetz und die damit einhergehenden Sanktionen für die Verfasser und Verleger von Druckschriften nicht nur leere Bestimmungen waren, wurden auch die Bundesstaaten in die Verantwortung genommen. Gemäß § 4 Pressegesetz war jeder Bundesstaat für die unter seiner Oberaufsicht erscheinenden und für alle unter § 1 fallenden Druckschriften nicht nur unmittelbar dem beleidigten Mitgliedsstaat, sondern auch der Gesamtheit des Deutschen Bundes gegenüber verantwortlich, insofern dadurch die Würde oder Sicherheit anderer Bundesstaaten verletzt oder die Verfassung oder Verwaltung derselben angegriffen wurde. Denkbar wäre, dass dies zu Streitereien zwischen den Bundesstaaten bezüglich der Auslegung der Voraussetzungen des § 1 geführt hätte. Allein bei der Diskrepanz zwischen dem liberalen Großherzogtum Sachsen-Weimar-Eisenach, welches ein sehr freiheitliches Presserecht hatte, und dem erzkonservativen Österreich war hier Konfliktpotential programmiert. Deshalb beugte § 5 diesem vor, indem es sämtliche Mitglieder des Deutschen Bundes verpflichtete, um das freundschaftliche Verhältnis des

---

30 *Von einem Offizier*, Die Pressfreiheit der Offiziere, S. 5.

Deutschen Bundesvereins zu gewährleisten, die feierliche Verpflichtung gegeneinander zu übernehmen, bei der Aufsicht über die in ihren Ländern erscheinenden Zeitungen, Zeit- und Flugschriften mit wachsendem Ernste zu verfahren und diese Aufsicht dergestalt zu handhaben, dass dadurch gegenseitigen Klagen und unangenehmen Erörterungen vorgebeugt werde. Sollte es nun doch einmal dazu kommen, dass die Regierung eines Bundesstaates sich durch eine Schrift, welche in einem anderen Bundesstaat erschien, verletzt fühlte und auch die Beilegung des Streites durch Rücksprache und diplomatische Korrespondenz nicht möglich war, so stand es dieser frei, gemäß § 6 schriftlich Beschwerde bei der Bundesversammlung einzulegen. Die Bundesversammlung war dann angehalten, die Beschwerde kommissarisch zu untersuchen und bei Begründetheit der Verletzung die Einstellung der weiteren Fortsetzung der Schrift durch entscheidenden Ausspruch zu verfügen. Weiterhin war die Bundesversammlung dazu befugt, Schriften nach § 1, unabhängig in welchem Bundesstaate sie erschienen, nach dem Gutachten einer von ihr eingesetzten Kommission, welche eine Verletzung der Würde des Bundes, der Sicherheit einzelner Bundesstaaten oder der Erhaltung des Friedens und der Ruhe in Deutschland feststellte, ohne vorhergegangene Aufforderung aus eigener Autorität durch Ausspruch, gegen den keine Appellation möglich war, zu unterdrücken und die betreffenden Regierungen zu verpflichten, den Ausspruch zu vollziehen.

c) Rechenschaftspflicht

Gemäß § 8 verpflichteten sich alle Bundesglieder in einem Zeitraum von zwei Monaten die Bundesversammlung von den Verfügungen und Vorschriften, durch welche sie dem § 1 Genüge zu leisten gedachten, in Kenntnis zu setzen.

d) Redaktionelle Angaben in Druckerzeugnissen

Um eine leichtere Handhabe gegen die Herausgeber von Druckerzeugnissen zu haben, statuierte § 9 des Pressegesetzes die Pflicht, dass alle in Deutschland erscheinenden Druckschriften mit dem Namen des Verlegers und, insofern sie unter § 1 fielen, auch mit dem Namen des Redakteurs versehen sein mussten.

e) Sanktionen

Sollte es dazu kommen, dass eine Zeitung oder Zeitschrift durch einen Ausspruch der Bundesversammlung unterdrückt worden war, so durfte gemäß § 7 der betreffende Redakteur binnen fünf Jahren in keinem Bundesstaat bei der Redaktion einer ähnlichen Schrift zugelassen werden. Maßgeblich ist dabei, dass der Verfasser, der Herausgeber und der Verleger von aller Verantwortung frei blieben, wenn sie gemäß den Vorschriften des Pressegesetzes gehandelt hatten. Der Ausspruch der Bundesversammlung richtete sich ausschließlich gegen die Schrift und nicht gegen die Person, was die Verantwortlichkeit des Redakteurs als entscheidende Instanz bezüglich der Auswahl der Inhalte und somit dessen Verantwortung im Sinne des Pressegesetzes begründete.

Anders sah es aus, wenn die redaktionellen Angaben in Druckerzeugnissen fehlten. Diese Schriften durften in keinem Bundesstaate in Umlauf gebracht werden. Sollte dies jedoch heimlich geschehen, drohte gemäß § 9 die Beschlagnahme der Schriften und die Verurteilung der Verbreiter nach Beschaffenheit der Umstände zu angemessener Geld- oder Gefängnisstrafe.

III. Durchführung

Mit den Karlsbader Beschlüssen, welche formal bis 1848 galten, begann das Zeitalter der Demagogenverfolgung. Diese Beschlüsse haben die politische Entwicklung in Deutschland stark geprägt. Die noch junge Nationalbewegung hatte für fast ein Jahrzehnt offiziell aufgehört zu existieren. Dass diese jedoch im Untergrund weiterarbeitete und somit inoffiziell fortbestand, war ein maßgebendes Zeichen dafür, dass Veränderungen, gesellschafts- wie staatspolitisch, wirklich gewollt und nötig waren und die Bewegung somit später wieder machtvoll an die Öffentlichkeit kommen konnte.[31] Dabei zeigten die Herrschenden ihre Unfähigkeit, Neues zu erschaffen und den Studenten eine Perspektive aufzuzeigen, indem sie alle geschlossenen Gemeinschaften und Verbrüderungen unter den Studenten aufhoben und vernichteten. Die Feindschaft gegen das Korporative erstreckte sich sogar auf das Tragen von bestimmter Kleidung und Farben.[32] Die Herrschenden verkannten dabei aber, dass man das Schlechte nicht dadurch vertilgt, indem man es verbietet, sondern dadurch, dass man Besseres hervorruft.[33]

Dennoch brach eine Zeit der Verfolgung an. Reaktionäre Fanatiker machten sich an die Arbeit, jede nur in kleinster Weise freiheitliche Bestrebung im Keim zu ersticken und die damit in Kontakt stehenden Personen zu verhaften und zu verhören. Die Turnplätze Jahns in Preußen wurden unter schärfste

---

31 *Malettke*, Zur politischen Bedeutung des Wartburgfestes im Frühliberalismus, in: Darstellungen und Quellen zur Geschichte der deutschen Einheitsbewegung im neunzehnten und zwanzigsten Jahrhundert, Bd. XIV, S. 30.

32 Für Preußen vgl. *Nolte*, Demagogen und Denunzianten, S. 86 f.

33 So auch *Diesterweg*, Die Lebensfrage der Civilisation, S. 23.

Aufsicht gestellt oder ganz geschlossen.[34] Der burschenschaftliche Vordenker Friedrich Ludwig Jahn selbst wurde in der Nacht vom 13. auf den 14. Juli 1820 vom Totenbett seines Kindes fortgeholt und in Untersuchungshaft gesperrt.[35] Ernst Moritz Arndt verlor am 10. November 1820 nach langwierigen Untersuchungen sein Amt als Hochschullehrer an der Rheinischen Friedrich-Wilhelms-Universität Bonn.[36] Das Werk „Reden an die deutsche Nation" des 1814 verstorbenen Philosophen Johann Gottlieb Fichte (1762–1814) durfte nicht mehr neu aufgelegt werden, weil es im Bereich der Bildung zu einer Nationalerziehung nach dem Vorbild von Johann Heinrich Pestalozzi (1746–1827) aufrief, die das menschliche Verhältnis zur Freiheit in der Vernunft- und Werterziehung verankern sollte. Diese modernen und fortschrittlichen Ideen waren den Herrschenden zuwider.

Mit den Karlsbader Beschlüssen wurde aber vor allem das Todesurteil für die burschenschaftliche Bewegung ausgesprochen, denn vor allem die Burschenschaft geriet nun, aufgrund ihres Verbotes, unter strengste Aufsicht. So wurden Briefe und Papiere von verdächtigen Personen abgefangen oder bei Hausdurchsuchungen beschlagnahmt. Jeder, der der Mitgliedschaft in einer solchen verbotenen Verbindung verdächtig war, kam in Untersuchungshaft.[37] Aber auch die Institution Burschenschaft wurde mit Nachdruck zur Auflösung gezwungen. Am 30. Oktober 1819 wurden die Karlsbader Beschlüsse durch das weimarische Ministerium bekannt gegeben. Die Burschenschaft in Jena wurde durch die Universitätsleitung aufgefordert sich aufzulösen. Dies geschah formal am 26. November 1819. Hierzu schrieb der deutsche Dichter und Burschenschafter August Daniel von Binzer (1793–1868) sein bekanntes Lied „Zur Auflösung der Jenaer Burschenschaft 1819".[38] Das war das Ende der Urburschenschaft. Es erfolgte nicht überall in dieser offiziellen Form wie in Jena. Vielfach bestanden die Burschenschaften einfach im Untergrund weiter oder lösten sich nur kurzzeitig auf, um sich bald danach wieder neu, oft unter anderem Namen, zu gründen. Mit den Karlsbader Beschlüssen war jedoch das große Projekt der Jahre 1815–1819, ein öffentliches, bürgerlich-demokratisch orientiertes Studentenleben aufzubauen, gescheitert. Alle weiter bestehenden

---

34 *Neigebaur*, Aktenmäßiger Bericht über den geheimen deutschen Bund und das Turnwesen, S. 124.

35 *Hartung*, Illustrierte Weltgeschichte, S. 470; *Fick*, Auf Deutschlands hohen Schulen, S. 103.

36 *Schulze-Westen*, Das Vermächtnis der Urburschenschaft, 2. Aufl., S. 209.

37 Allein in Preußen waren es in den ersten zehn Wochen ca. 350 Personen.

38 Siehe Anlage 4.

oder sich neu gründenden Organisationen dieser Ausrichtung waren von Anfang an illegal.[39]

Neben der Burschenschaft bestanden an den meisten Hochschulen jedoch weiterhin die alten Landsmannschaften. Diese zwei Arten von Verbindungen waren es nun hauptsächlich, welche die Aufmerksamkeit der Regierungen und Behörden auf sich zogen. *Schulze-Westen* stellte die maßgeblichen Unterscheidungsmerkmale der damaligen Zeit, die Burschenschaft heroisierend, klar und umfassend zusammen: Die Landsmannschaften lebten in ihren alten Formen und althergebrachter Sitte, huldigten allein der rohen Kraft und dem Zweikampf, frönten einer geistlosen und albernen Scheinehre, deren Grundlage der Schläger war, lebten in ihrem alten Dumpf- und Unsinn gedankenlos in den Tag hinein und stellten die Zerstückelung des Vaterlandes als vollkommen dar. Der Burschenschaft auf der anderen Seite widerstrebte alles, was unzweckmäßig und unsinnig war. Sie versuchte ihre Kraft durch Vernunft zu zügeln und dieser unterzuordnen, suchte Ehre in der Anerkennung wahren inneren Wertes und sprach die Idee einer geistigen Einheit des Vaterlandes in Recht und Freiheit aus. Die Landsmannschaft flüchtete sich dabei ins Dunkel, während die Burschenschaft die Öffentlichkeit suchte. Dass an dieser Stelle ein Kampf zwischen beiden Verbindungstypen entstehen musste, war somit programmiert. Unverständlich war jedoch, warum die Regierungen und Behörden fast durchgängig die Landsmannschaften begünstigten und die Burschenschaften, ungeachtet sie sich überall frei und offen verbanden, ohne ein Geheimnis daraus zu machen, verfolgte und verbot.[40] Maßgeblich kann an dieser Stelle nur gewesen sein, dass allein der Gedanke eines einheitlichen Deutschlands den Regierungen und Behörden derart widerstrebte, dass diese nur ein Vorgehen gegen die Burschenschaften in Erwägung zogen.

In Jena und an den übrigen Universitäten lösten sich die Burschenschaften auf und an deren Stelle traten sofort wieder die Landsmannschaften, die zwar vom Prinzip her auch verboten waren, aber wie erwähnt auf die größte Rücksichtnahme seitens der Behörden rechnen durften und sich deshalb stets freier bewegen konnten.[41] Diese nannten sich im Laufe der Zeit, unter Aufgabe des landsmannschaftlich beschränkten Rekrutierungsprinzips, in Corps[42] um. Durch die Aufgabe des landsmannschaftlich geprägten Aufnahmeprinzips und

39 *Hug*, Die Central-Untersuchungs-Commission zu Mainz, S. 93.

40 *Schulze-Westen*, Das Vermächtnis der Urburschenschaft, 2. Aufl., S. 211 f.

41 *Bruchmüller*, Das deutsche Studententum von seinen Anfängen bis zur Gegenwart, S. 92.

42 Auch Korps.

dem daraus folgenden Verlust zu den weiteren Ringen der studierenden Landsleute, verloren die Landsmannschaften, trotz Auflösung der Burschenschaft, an Bedeutung an der Universität und wurden zu kleinen, in sich abgeschlossenen Verbindungen.

Der Großteil der Studentenschaft hielt sich von da an vom Verbindungsleben fern.[43] Auch sonst spielten die Studentenverbindungen, mit Ausnahme zur Zeit des Kaiserreiches und der Weimarer Republik, bis zur heutigen Zeit eher eine untergeordnete Rolle. Begründet werden kann dies bereits mit der in der Mitte des 19. Jahrhunderts einsetzenden Zersplitterung in verschiedenste Verbindungsformen und Interessengemeinschaften, so zum Beispiel die Corps, neuen Landsmannschaften, Burschenschaften, Sänger- und Turnerbünde sowie konfessionelle Vereinigungen. Diese zeugten durch ihre Zersplitterung stets von Uneinigkeit und nicht vorhandener Schlagkraft und widerstrebten somit immer dem Ideal der Urburschenschaft, eine einheitlich, alles vereinende Studentenschaft zu bilden.[44]

Der Sieg des Systems Metternich, der Reaktion von 1818/19, war jedoch gleichfalls die erste moralische Niederlage. Die Regierungen mussten sich eingestehen, dass diese Zustände auf die Dauer nicht haltbar waren. Die aufkeimenden Freiheitsgedanken, nicht nur der Studenten, sondern der gesamten Bevölkerung, konnten auf lange Zeit durch den Spitzel- und Polizeiapparat der Metternichschen Reaktion nicht aufrechterhalten werden. So entwickelten sich immer wieder Bestrebungen, mehr Freiheiten zu fordern. Nicht zuletzt endeten diese Forderungen in der großen bürgerlichen Revolution von 1848/49.

---

43 *Bruchmüller*, Das deutsche Studententum von seinen Anfängen bis zur Gegenwart, S. 93.

44 *Steiger*, Aufbruch, 1. Aufl., S. 208 f.

D) Auswirkungen der Karlsbader Beschlüsse an der Universität Leipzig

Das Hauptaugenmerk der Arbeit soll an dieser Stelle nicht auf die Auswüchse und Untersuchungen im Zuge der Karlsbader Beschlüsse im Deutschen Bund allgemein, sondern im Speziellen auf die Durchführung und die Untersuchungen an der Universität Leipzig gerichtet sein.

Im Allgemeinen kann jedoch gesagt werden, dass die Umsetzung und Durchführung der Beschlüsse bei der sächsischen Regierung längst nicht die Rolle spielten, wie in anderen Staaten, wobei es natürlich auch in Leipzig zur Überwachung von Lehrern und Studenten kam.[1] Formell setzte das Königreich Sachsen die Karlsbader Beschlüsse durch Mandat vom 13. November 1819 in Kraft.[2] Als prominentestes Einzelbeispiel soll hier lediglich das 1821 eingeleitete Untersuchungsverfahren gegen den Burschenschafter Karl Hase ausgeführt werden, welcher mit dem consilium abeundi[3] belegt wurde.[4] Verallgemeinernd kann jedoch gesagt werden, dass trotz des Verbots die Burschenschaft in Leipzig im Geheimen immer fortbestand.[5]

I. Die Studierendengesetze an der Universität Leipzig

In Leipzig traten die Kreisdirektion und das Universitätsgericht den Gefährdungen durch die Studentenschaft entschieden entgegen. Maßgeblich waren hier das Disziplinargesetz vom Juli 1835, die Karzer-Ordnung und die verschärfte „Instruktion für die Pedellen in Beziehung auf ihre Verrichtung beim

1 *Universität Leipzig – Rektor und Senat*, Festschrift zur Feier des 500jährigen Bestehens der Universität Leipzig, 2. Bd., S. 112.

2 *Hoyer*, Kleine Geschichte der Leipziger Studentenschaft 1409–1989, S. 107.

3 Rat von der Universität fort zu gehen. Es beinhaltete das Verlassen der Stadt binnen zwölf oder 24 Stunden, zwei oder drei Tagen oder auch nur die Zusicherung eines Studenten, beim nächsten Vergehen die Universitätsstadt zu verlassen. Das c. a. war eine mildere Form der Bestrafung durch die Universität, da der „Consilierte" im Unterschied zum Relegierten nicht am schwarzen Brett angeschlagen wurde und an jeder anderen Hochschule wieder Aufnahme fand.

4 *Rathmann*, alma mater lipsiensis, S. 140.

5 *Döring*, in: Bünz / Rudersdorf / Döring, Geschichte der Universität Leipzig 1409–2009, S. 614.

Universitätsgericht."[6] Dabei diente das Universitätsgericht ganz wesentlich der politischen Repression. Denn seit 1831 waren Studentenverbindungen, welche wissenschaftlichen oder geselligen Zwecken dienten, legal. Diejenigen Personen, die sich zum Zweck der wissenschaftlichen Ausbildung vereinigt hatten, um mit gereiftem Verstand und umfassender Einsicht in die Verhältnisse des Lebens zu kommen, waren das Beste, um für das Vaterland im gemeinsamen Sinn zu wirken.[7] Jedoch musste vorher ein Antrag beim Rektor unter Abgabe der Vereinsstatuten und Angabe der Mitglieder und des Vorstandes sowie eines verantwortlichen Professors erfolgen. Der Rektor erteilte dann im Einvernehmen mit dem Regierungsbevollmächtigten sein Einverständnis. Andere Verbindungsformen unterlagen weiterhin der Überwachung.

1. Das Leben an der Universität

Durch die neuen Gesetze wurde das Leben der Studenten von der Aufnahme an der Universität über das Benehmen bis hin zum Studienabschluss geregelt. Im Großen und Ganzen wurde dies jedoch nicht neu geregelt, sondern lediglich verschärft. Zur Aufnahme trat der angehende Student vor den ranghöchsten königlichen Beamten des Leipziger Kreises, den Kreisdirektor, vor den Rektor und vor den Universitätsrichter. Dabei erhielt der angehende Student ein Exemplar der Disziplinargesetze und das Mandat vom 21. März 1821, wonach die Zugehörigkeit zu einer geheimen Studentenverbindung mit Berufsverbot im öffentlichen Dienst geahndet wurde. Nach der Legitimation mit verschiedenen Dokumenten (Geburtsurkunde, Maturitätszeugnis, Sittenzeugnis und Studienreife-Zeugnis) erfolgte die Registratur. Bei dieser schrieb der Ansuchende seinen Namen, Geburtsort, Vaterland, Alter, Religion, Stand der Eltern, Schulbesuch und letzten Aufenthaltsort in die Matrikel. Daraufhin erfolgte die Rechtsbelehrung durch die oben genannte Immatrikulationskommission. Nach Verlesung hatte der Ansuchende das Gehorsamsversprechen zu unterschreiben und dem Rektor per Handschlag das Versprechen über den Gehorsam und die treue Befolgung der akademischen Gesetze abzugeben. Erfolgte eine dieser Handlungen nicht, wurde derjenige sofort und ohne Nachsicht von der Universität verwiesen. Mit der Einschreibung in das Stu-

6 Die Pedellen waren Verwaltungsbeamte der Universitätsbehörden, die wegen ihrer Tätigkeit in Disziplinarangelegenheiten bei den Studenten höchst unbeliebt waren und über die sich aller Spott und Hohn ergoß.

7 *Alschefski*, Ueber das angebliche Verderben auf den deutschen Universitäten, S. 69.

dentenverzeichnis der Universität und dem Handschlag des Rektors war die Inskription vollzogen.[8]

Seit dem Jahre 1835 war auch der Weg vorgezeichnet, den der staatstreue, ledige und gesittete Student von der Inskription bis zum Studienende nehmen sollte. Als gesittet galt er, wenn er den Polizeigesetzen willigen Gehorsam leistete und die allgemeinen Anstands- und Wohlfahrtsgesetze beachtete. Abweichungen davon, sei es in Form des Duells, des Duellversuchs oder politischer Abweichungen, wurden mit Karzerstrafe oder Relegation[9] bestraft.[10] Wer in einer verbotenen demokratischen Verbindung Mitglied war oder zum Dunstkreis der radikalen Burschenschaften gehörte, wurde im Zweifel mit der Relegation bestraft.[11]

2. Verbindungsdelikte

Vor allem die sogenannten Verbindungsdelikte wurden vom Universitätsgericht mit besonderer Härte bestraft.[12] Jedoch erwuchs aus der zwischen dem akademischen Senat und der Studentenschaft plötzlich entstandenen gemeinsamen Opposition ein Zusammengehörigkeitsgefühl, welches dazu führte, dass der Senat versuchte, nach Möglichkeit jede Untersuchung gegen die Studenten, welche durch die Regierungsbevollmächtigten eingeleitet wurde, diesen aus der Hand zu nehmen und sich schützend vor die Verbindungen zu stellen. Hatte der Senat das Verfahren wegen Zugehörigkeit zu einer verbotenen Verbindung erst einmal in der Hand, wurde dieses pro forma durchgeführt. Man konnte aber damit rechnen, dass, wenn der Fall nicht so schwer lag, der Senat den unglaubwürdigen Aussagen Beachtung schenkte und eine Bestrafung milde war oder sogar ausblieb. Rektor und Senat verschlossen bewusst die Augen vor dem, was allen auffiel. Lediglich wenn der Regierungskommissar die Sache an sich zog, wurden die Untersuchungen strenger und die Strafen härter.[13] Zunächst kann jedoch festgestellt werden, dass nicht alle Formen von

8 *Zwahr*, Im Übergang zur bürgerlichen Gesellschaft, in: Geschichte der Universität Leipzig 1409–2009, S. 185 f.; *Stein*, Die akademische Gerichtsbarkeit in Deutschland, S. 136; Von der Befähigung zur Inscription, SächsHStA Dresden, MKU, 10053/1, S. 203–218.

9 Verweis von der Universität auf Grund eines Beschlusses des akademischen Senats, der in allen Hochschulen veröffentlicht wurde.

10 *von Schlumb*, Der deutsche Student, S. 303.

11 *Zwahr*, Im Übergang zur bürgerlichen Gesellschaft, in: Geschichte der Universität Leipzig 1409–2009, S. 184.

12 Gemäß dem Gesetz für die Studierenden auf der Universität Leipzig von 1835.

13 *Bauer*, Geschichte des Corps Lusatia zu Leipzig 1807–1932, S. 102.

Verbindungen verboten waren. So schreibt § 53 des Gesetzes für die Studierenden an der Universität Leipzig von 1835 vor, dass Vereinigungen der Studierenden, die wissenschaftlichen oder geselligen Zwecken dienten, mit Erlaubnis des Rektors, unter Zustimmung des Regierungsbevollmächtigten, stattfinden durften, sofern die Teilnehmer ihre Statuten vollständig vorlegten, die gesamten Mitglieder benannten und der Verein einen verantwortlichen Professor zum Vorstand hatte. Alle sonstigen Verbindungen waren verboten. Solch eine Zugehörigkeit ahndete das Universitätsgericht im Ernstfall mit einer strengen Karzerstrafe, bei Wiederholung mit dem consilium abeundi, bei besonders schweren Verfehlungen mit der Relegation.[14] Hierbei gab es jedoch bereits geregelte Abstufungen. So schreibt § 54 vor, dass mit dem consilium abeundi oder der Relegation diejenigen bestraft werden, die zu den Stiftern einer solchen Verbindung gehören oder andere zum Beitritt zu einer solchen Verbindung verleiten. Gemäß § 55 sollten alle anderen Mitglieder mit Karzerstrafen und nur im Wiederholungsfalle mit dem consilium abeundi bestraft werden.[15] Als schwerste Strafe kann die geschärfte Relegation gemäß § 62 betrachtet werden, welche zusätzlich die Tätigkeit für den Staats- und Kirchendienst, das Schulamt, die Advokatur und ärztliche oder chirurgische Niederlassung im gesamten Deutschen Bund verbot. Für die Verfolgung solcher Delikte war das Vereinigte Kriminalamt der Stadt Leipzig zuständig.[16]

3. Pressezensur

Neben der Mitgliedschaft in einer solchen Verbindung wurde auch die publizistische Tätigkeit der Studenten und Professoren unter Strafe gestellt bzw. dieser durch Zensur von Anfang an entgegengewirkt.

Die Leipziger Zensur musste die allgemeine Aufmerksamkeit auch auf die universitären Kreise und das Treiben der studierenden Jugend ausweiten. Beispielhaft soll hier die Veröffentlichung Wilhelm Schaffraths[17] über seine

---

14 *Zwahr*, Im Übergang zur bürgerlichen Gesellschaft, in: Geschichte der Universität Leipzig 1409–2009, S. 193.

15 So auch eine Eingabe des Rektors der Universität mit Vorschlägen über die zu ergreifenden Maßregeln, SächsHStA Dresden, MKU, 10051, S. 261–275.

16 Gemeinsame Maaßregeln in Betreff der Universitäten und anderer Lehr- und Erziehungs-Anstalten Deutschlands vom 13. November 1834, in: *von Meyer*, Staats-Acten für Geschichte und öffentliches Recht des Deutschen Bundes, 2. Aufl., S. 491, 496.

17 1814–1893, deutscher Jurist und Politiker, Mitglied der Frankfurter Nationalversammlung, Reichstagsabgeordneter, Abgeordneter des sächsischen Landtages, vgl. über ihn *Matzerath*, Aspekte sächsischer Landtagsgeschichte. Präsidenten und Abgeordnete von 1833 bis 1952, S. 72 f.

Kritik an den Urteilen gegen 19 Mitglieder der ehemaligen Leipziger Burschenschaft genannt werden, welche nicht zum Druck zugelassen wurde, weil sie die Richter und die Gerichte angriff und in zu leidenschaftlichem Stil geschrieben war. Lediglich die amtlichen Berichte aus den Prozessen durften abgedruckt werden.[18]

II. Der Regierungsbevollmächtigte

1. Aufgaben und Stellung

Im Zuge des Universitätsgesetzes der Karlsbader Beschlüsse wurde angeordnet, an jeder Hochschule einen außerordentlichen Regierungsbevollmächtigten einzusetzen. Dies geschah so auch an der Universität Leipzig.[19] Jedoch erfolgte die Umsetzung dieses Gesetzes in Sachsen nur schleppend. Die Einsetzung des königlich sächsischen außerordentlichen Bevollmächtigten bei der Universität erfolgte durch königliche Instruktion am 8. März 1820.[20] Er hatte die Aufgabe, über die Vollziehung der Universitätsgesetze und Disziplinarvorschriften zu wachen, den Geist, mit welchem die akademischen Lehrer bei ihren Vorlesungen verfahren, zu beobachten und denselben, ohne Einfluss auf die Lehrmethoden, eine heilsame und zur Beförderung der studierenden Jugend unausgesetzte Aufmerksamkeit zu widmen.[21] Er sollte sich eine genaue Kenntnis über die Denk- und Lehrart der Professoren in Hinsicht auf die Verhältnisse und Gegenstände der bürgerlichen Ordnung verschaffen, deren Wirkung auf die Studenten beobachten und die Professoren im Bedarfsfalle verwarnen oder die Entfernung von der Universität herbeiführen.[22]

Fraglich ist an dieser Stelle, wie die Stellung des außerordentlichen Regierungsbevollmächtigten an der Universität war und zu bewerten ist. Wie bereits erwähnt, hatte der Regierungsbevollmächtigte die Aufgabe, über die bestehenden Gesetze und Disziplinarvorschriften zu wachen. Er sollte dafür sorgen,

18 *Franke*, Zensur und Preßaufsicht in Leipzig, S. 138 f.

19 *Universität Leipzig – Rektor und Senat*, Festschrift zur Feier des 500jährigen Bestehens der Universität Leipzig, 2. Bd., S. 112.

20 *Blaschke*, Die Universität Leipzig im Wandel vom Ancien Régime zum bürgerlichen Staat, in: Wissenschafts- und Universitätsgeschichte in Sachsen im 18. und 19. Jahrhundert, S. 137.

21 *Zwahr*, Im Übergang zur bürgerlichen Gesellschaft, in: Geschichte der Universität Leipzig 1409–2009, S. 64.

22 *Blaschke*, Die Universität Leipzig im Wandel vom Ancien Régime zum bürgerlichen Staat, in: Wissenschafts- und Universitätsgeschichte in Sachsen im 18. und 19. Jahrhundert, S. 137.

dass sich die Studenten, aber auch die Professoren, an die neuen, durch die Karlsbader Beschlüsse geschaffenen, Gesetze hielten und musste diese durchsetzen. Diese Stellung und Aufgaben hatte bisher der Rektor der Universität, als höchster Repräsentant, inne. Somit traten der Rektor und der Regierungsbevollmächtigte in direkte Machtkonkurrenz an der Universität. Dies lässt sich beispielhaft dadurch belegen, dass gemäß § 53 der Gesetze für die Studierenden an der Universität Leipzig von 1835 der Regierungsbevollmächtigte, nach bereits erfolgter Erlaubnis des Rektors, der Zulassung von wissenschaftlichen oder geselligen Verbindungen zustimmen musste. Daran lässt sich erkennen, dass sich die Stellung des Regierungsbevollmächtigten gegenüber dem Rektor im Laufe der Zeit verstärkte. Gegen die starke Stellung des Regierungsbevollmächtigten sprachen sich aber auch viele Professoren aus, die allein den Rektor als Oberhaupt der Universität anerkannten.[23] Der Regierungsbevollmächtigte trat somit formal zunächst gleichrangig in das Behördensystem der Universität ein, praktisch wurden seine Veranlassungen aber als Anordnungen verstanden, was ihn in eine herausragende Stellung an der Universität erhob. An der Universität als praktisches Oberhaupt etabliert, unterstand der Bevollmächtigte selbst dem Kirchenrat als der obersten sächsischen Staatsbehörde für die Kirchenangelegenheiten.[24]

2. Universitätsreform von 1830

Die starke Stellung des Bevollmächtigten basierte auf einem Strukturbruch innerhalb der Universität, welcher per Kabinettsorder vom 3. März 1830 beschlossen wurde. Dieser Strukturwandel bestand darin, dass die traditionell an der Universität bestandenen Nationes als Vertretungskörperschaften aufhörten zu existieren. Dies erfolgte durch die Außerkraftsetzung der Nationenverfassung der Universität. Diese wurde dadurch zu einer staatlich geführten Landesuniversität umgebaut. Das Concilium Magnum Nationale[25], das Concilium Decanale[26] und das Concilium Decemvirorum[27] (Zehnmänner-Colle-

23 So zum Beispiel Drobisch, Beck, Pölitz, Großmann, Hahn, Pohl, Brandes und Hasse.

24 *Blaschke*, Die Universität Leipzig im Wandel vom Ancien Régime zum bürgerlichen Staat, in: Wissenschafts- und Universitätsgeschichte in Sachsen im 18. und 19. Jahrhundert, S. 137.

25 Zusammenkunft aller habilitierten akademischen Lehrer unter Vorsitz des Rektors.

26 Das Concilium Decanale bestand aus dem Rektor und den Dekanen und hatte die Oberaufsicht über die fünf Universitätsdörfer Holzhausen, Zuckelhausen, Kleinpösna, Wolfshain und Zweenfurth.

27 Das Concilium Decemvirorum bestand aus dem Rektor, den beiden ersten Professoren jeder Fakultät und dem Dekan der philosophischen Fakultät. Es besaß die Aufsicht über die Präpositur der Paulinerkirche, über das Paulinerkolleg und das Convictorium.

gium)[28] wurden aufgelöst. Anstelle dieser Institutionen wurde der akademische Senat[29] gegründet und die Ordinarienuniversität entstand. Von nun an bildeten die einander gleichgestellten Fakultäten und der zur Rektorwahl verpflichtete Senat der ordentlichen Professoren die Grundpfeiler der staatlich geführten Landesuniversität. Durch diese Umstrukturierung verloren die Professoren alter Stiftung sowie der Rektor an Macht innerhalb der Universität. Dieser wurde beauftragt, einem Verwaltungsausschuss die Universitätsverwaltung und die Aufgaben der Konzilien zu übertragen. Im Vorfeld verloren der Rektor und die Universität schon an Macht, indem 1825 die Universitäts-Rentverwalterei für die Finanzverwaltung und die Aufsicht über die Dorfschaften und 1829 das Universitätsgericht eingerichtet wurde.[30] Vorher wurden Strafen durch das Konzilium oder den Rektor ausgesprochen.

Zuständig für die Umstrukturierung war der damalige außerordentliche königliche Kommissar, Oberhofrichter und Präsident des Vereinigten Criminal- und Polizeiamtes der Stadt Leipzig und seit 1824 königlicher Bevollmächtigter bei der Universität Constantin von Ende. Dieser beorderte für den 23. März 1830 Rektor Beck[31] und alle ordentlichen Professoren in das akademische Lokal, wo traditionell die Rektorwahl stattfand, die Nationalstube, um ihnen die Einsetzung des akademischen Senats zu verkünden. Besonders beschämend für die Professoren alter Stiftung war dabei, dass diese persönlich bei von Ende zu erscheinen hatten, jedoch nicht nach der Ordnung der Fakultäten und deren Stellung in dieser, sondern nach der Zeitfolge ihrer Ernennung zu Professoren. Dies sollte der Umsetzung der Reform Vorschub leisten und stellte alle Professoren auf die gleiche Stufe.[32] Diese wurden nun nach ihrem Dienstalter eingestuft. Besonders demütigend für Rektor Beck war dabei, dass dieser lediglich neben dem Kommissar Platz nehmen durfte.[33]

Durch diesen Akt wurde durch Kommissar von Ende mit dem akademischen Senat das höchste Entscheidungsgremium der Universität geschaffen. Der

---

28 *Krug*, Entwurf zur Wiedergeburt der Universität Leipzig und anderer Hochschulen, S. 12.

29 Dieser bestand aus sämtlichen Professoren der Universität.

30 *Zwahr*, Im Übergang zur bürgerlichen Gesellschaft, in: Geschichte der Universität Leipzig 1409–2009, S. 23 f.

31 Christian Daniel Beck (1757–1832), deutscher Philologe, 1782 ao. Professor, 1785 o. Professor, seit 1791 insgesamt 12mal Rektor der Universität Leipzig, vgl. über ihn *Eckstein*, Christian Daniel Beck, in: ADB, Bd. II, S. 210–212.

32 *Gersdorf*, Beitrag zur Geschichte der Universität Leipzig, S. 20.

33 *Zwahr*, Im Übergang zur bürgerlichen Gesellschaft, in: Geschichte der Universität Leipzig 1409–2009, S. 25 f.

Senat behandelte ihn jedoch als Unperson, was schon daraus zu entnehmen ist, dass das Protokoll der ersten Senatssitzung, trotz Anwesenheit von Endes, diesen nicht einmal namentlich erwähnte.[34]

3. Personen

Im Laufe der Zeit wechselten die Personen, welche die Stellung des Regierungsbevollmächtigten innehatten. Maßgeblich waren auf dieser Position die Regierungsbevollmächtigten von Ende, von Langenn und von Falkenstein.

a) Karl Heinrich Constantin von Ende

Zum ersten Regierungsbevollmächtigten bei der Universität Leipzig wurde der damalige Polizeipräsident Ehrenfried von Rackel am 26. Februar 1820 ernannt.[35] Dieser[36], sowie ab Ende 1821 sein Nachfolger im Amt, Polizeipräsident von Gersdorff, übten ihr Amt sehr kurz, human und mit außerordentlicher Zurückhaltung aus. Das Bestehen der Burschenschaft wurde dadurch kaum berührt.[37] Maßgeblicher war die Ernennung des geheimen Justizrates Karl Heinrich Constantin von Ende (1784–1845), nach der Versetzung Gersdorffs am 10. Juli 1824, zum „Königlichen Bevollmächtigten bei der Universität", Oberhofrichter und Präsident des Vereinigten Kriminal- und Polizeiamtes der Stadt Leipzig und bereits am 10. März 1824 zum Konsistorialdirektor.[38] Seine wichtigste Aufgabe bestand zu Beginn darin, die verschiedenen Konzilien abzuwickeln.[39] Aufgrund dieser tiefgreifenden Einschnitte in die Organisation der Universität, wurde von Ende von vielen Professoren als Unperson an der Universität angesehen. Auch seine Stellung über dem Rektor war vielen ein Dorn im Auge. Spätestens mit der Einsetzung des akademischen Senats am 23. März 1830, wo von Ende die Professoren nach dem Zeitpunkt ihrer Ernennung ordnete, und durch seine Nichterwähnung im Protokoll, wird deutlich, dass er an der Universität unerwünscht war.

---

34 *Zwahr*, Im Übergang zur bürgerlichen Gesellschaft, in: Geschichte der Universität Leipzig 1409–2009, S. 29.

35 UAL, Dienstbibliothek, Bibl. 146, S. 23; *Knaake / Thiele / Tornius / Leonhardt*, Geschichte der Leipziger Burschenschaft Germania 1818–1928, S. 12.

36 von Rackel starb Ende 1821.

37 *Leonhardt*, Die älteste Leipziger Burschenschaft (1818–1833), S. 28.

38 SächsHStA Dresden, MKU, 7493, S. 1; *Krug*, Leipziger Freuden und Leiden, S. 14.

39 *Zwahr*, Im Übergang zur bürgerlichen Gesellschaft, in: Geschichte der Universität Leipzig 1409–2009, S. 24.

So verwundert es auch nicht, dass nach der Ernennung von Endes zum Bundestagsgesandten im Jahre 1831 die Professoren die Abschaffung dieser Position forderten. Verschiedene Ideen bestanden darin, das Amt des Regierungsbevollmächtigten komplett abzuschaffen oder es zumindest mit dem Amt des Rektors zu vereinigen, um diesem wieder eine starke Stellung innerhalb der Universität zu verleihen.[40]

b) Johann Christian Gottlieb Müller

Dies alles scheiterte jedoch mit der Ernennung von Johann Christian Gottlieb Müller (1776–1836) zum Regierungsbevollmächtigten. Die Zeit Müllers als Regierungsbevollmächtigter an der Universität Leipzig währte jedoch nur kurz. Nach dem Weggang von Endes wurde Müller zum Regierungsbevollmächtigten ernannt, übte das Amt aber nur weniger als ein Jahr aus, weil er Ende 1831 zum Kultusminister des Königreiches Sachsen berufen wurde.

c) Friedrich Albert von Langenn

Mit dem Hof- und Justizienrat Friedrich Albert von Langenn (1798–1868) wurde im Dezember 1831 wieder ein neuer, jedoch nur provisorischer, Regierungsbevollmächtigter ernannt.[41] In dieser Funktion war er in dieser Zeit vor allem für die Genehmigungen bezüglich der Pressezensur tätig.[42] Das Amt des Kreisdirektors nahm von Langenn jedoch nicht an und übte auch sein Amt als Regierungsbevollmächtigter nicht lange aus, da er im Jahre 1835 von Prinz Johann[43] zum Erzieher seines ältesten Sohnes Albert[44] berufen und später Direktor des Justizministeriums wurde, in welcher Funktion ihm von der Universität Leipzig am 21. Juni 1846 auch der Doktor honoris causa verliehen wurde.[45]

---

40 *Zwahr*, Im Übergang zur bürgerlichen Gesellschaft, in: Geschichte der Universität Leipzig 1409–2009, S. 64.

41 Erste Erwähnung als „königlicher Commissarius“ in Leipzig am 14. Dezember 1831, in: SächsHStA Dresden, MKU, 10053/1, S. 5 f.

42 *Franke*, Zensur und Preßaufsicht in Leipzig, S. 140.

43 Johann von Sachsen (1801–1873), seit 1854 König von Sachsen.

44 Albert von Sachsen (1828–1902), seit 1873 König von Sachsen.

45 *Flathe*, Friedrich Albert von Langenn, in: ADB, Bd. XVII, S. 672; UAL, Doktorbuch der Juristenfakultät 1810–1902, Jur. Fak. I 2 Bd. II.

d) Johann Paul von Falkenstein

Als bedeutendste Person, welche das Amt des Regierungsbevollmächtigten ausübte, kann der Geheime Regierungsrat Johann Paul von Falkenstein (1801–1882) angesehen werden. Nachdem das Gesamtministerium[46] von Lindenau[47] im Jahre 1835 neue staatliche Provinzial-Regierungsbehörden, die Kreisdirektionen, einrichtete, wurde Johann Paul von Falkenstein am 15. April 1835 zum Kreisdirektor von Leipzig ernannt und trat dieses Amt am 1. Mai 1835 an.[48] Gleichzeitig übte er mit diesem Amt jenes des Vorstands der Kreisregierung und der Konsistorialbehörde, des Bevollmächtigten der Regierung bei der Universität, des Vorsitzenden im Zensurkollegium und bei der Prüfungskommission für Theologen und endlich das des Kommissars bei den verschiedensten öffentlichen Unternehmungen aus.[49] Im Gegensatz zu seinen Vorgängern war die Arbeit Falkensteins als Regierungsbevollmächtigter an der Universität durch einen freundlichen Umgang mit den Professoren geprägt.[50] Begründet war dies dadurch, dass von Falkenstein bereits mehrere Jahre als Privatdozent an der Juristenfakultät der Universität gelehrt hatte und mit vielen Professoren noch befreundet war sowie die Gegebenheiten und das Wesen der Universität und ihrer Einrichtungen gut kannte.[51] Als eine der bedeutendsten Handlungen in dieser Position hebt er selbst die Berufung des Juristen Wilhelm Eduard Albrecht[52] an die Universität hervor. Dieser war zuvor, als Mitglied der Göttinger Sieben, von der Universität Göttingen verwiesen worden. Die Berufung Albrechts, die zwar Freude bei Kultusminister von Carlowitz[53] hervorrief,

---

46 Gesamtministerium war vom 19. Jahrhundert bis hinein in die Weimarer Republik in einzelnen deutschen Staaten die Bezeichnung für die Regierung.

47 Bernhard von Lindenau (1779–1854), deutscher Jurist, Astronom, Minister und Mäzen; 1831–1843 Vorsitzender des Gesamtministeriums.

48 *Zwahr*, Im Übergang zur bürgerlichen Gesellschaft, in: Geschichte der Universität Leipzig 1409–2009, S. 149; *Petzholdt*, Dr. Johann Paul Freiherr v. Falkenstein, S. 46.

49 *Beschorner*, Johann Paul von Falkenstein, in: ADB, Bd. XLVIII, S. 490.

50 *Petzholdt*, Dr. Johann Paul Freiherr v. Falkenstein, S. 62.

51 *Beschorner*, Johann Paul von Falkenstein, in: ADB, Bd. XLVIII, S. 491; *Universität Leipzig – Rektor und Senat*, Festschrift zur Feier des 500jährigen Bestehens der Universität Leipzig, 2. Bd., S. 112.

52 1800–1876, 1825 ao. Professor an der juristischen Fakultät der Universität Königsberg, 1829 o. Professor, 1830 o. Professor an der Universität Göttingen, 1837 Privatdozent an der Universität Leipzig, 1840 o. Professor an der Universität Leipzig, 1848 Abgeordneter der Frankfurter Nationalversammlung, vgl. über ihn *Hübner*, Wilhelm Eduard Albrecht, in: ADB, Bd. XLV, S. 743–750.

53 Hans Georg von Carlowitz (1772–1840), seit 1836 sächsischer Minister des Kultus und öffentlichen Unterrichts, vgl. über ihn *Flathe*, Hans Georg von Carlowitz, in: ADB, Bd. III, S. 791.

brachte von Falkenstein jedoch seine einzige Rüge seitens der Regierung in seiner gesamten Dienstzeit ein.[54]

Als schwierigste Aufgaben in Bezug auf die Universität hatte von Falkenstein den Ausgleich zwischen Universität und Stadt sowie die für nötig erachtete Revision der Statuten der Universität zu bewältigen. Zu dieser Revision der Statuten gehörte vor allem die Schaffung eines engeren Ausschusses im Senat, der Plenardebatten nach Möglichkeit vermeiden sollte. Diese Errichtung scheiterte jedoch an der fehlenden Mitwirkung des Senats und so entschied das Ministerium zusammen mit von Falkenstein im November 1836, alles beim Alten zu belassen. Demnach wurde bei Sachverhalten, welche eine vorbereitende Beratung erforderten, der Sachverhalt vom Rektor, den vier Dekanen und vier anderen Mitgliedern vorläufig beraten, bevor der Senat damit befasst wurde.[55] Weiterhin hatte von Falkenstein entschieden, aufgrund der Schwierigkeiten der Gesetzeslage, zur Revision des Teils der studentischen Gesetze, welche die bürgerlichen Verhältnisse der Studenten betrafen, eine Kommission einzusetzen, welche aus dem Regierungsbevollmächtigten, dem Kreisamtmann, einem Stadtrat und Mitgliedern des Universitätsgerichts bestehen sollte. Falkenstein ging somit unmittelbar nach Einführung der Studierendengesetze von 1835 erste Schritte in die Richtung, die Studenten aus gewissen Bindungen der für sie verschärften Universitätsjurisdiktion zu lösen.[56]

Als Regierungsbevollmächtigter trat von Falkenstein jedoch eher unauffällig auf und führte den an der Universität provozierenden Titel äußert zurückhaltend.[57] Im Jahre 1844 endete seine Tätigkeit in Leipzig, als er zum Minister des Inneren berufen wurde und nach Dresden übersiedelte.[58]

Nach von Falkenstein wurde Kreisdirektor von Broizen zum Regierungsbevollmächtigten bei der Universität ernannt. Über diese Person ist aus den Akten wenig ersichtlich. Bemerkbar ist, dass nach dem Weggang von Falkensteins ab 1844 kaum noch Korrespondenz zwischen dem Bevollmächtigten und dem Kultusministerium, sondern fast nur noch Schreiben zwischen dem Kultusministerium und dem Universitätsgericht in den Akten zu finden sind.

---

54 *Petzholdt*, Dr. Johann Paul Freiherr v. Falkenstein, S. 65.

55 *Zwahr*, Im Übergang zur bürgerlichen Gesellschaft, in: Geschichte der Universität Leipzig 1409–2009, S. 149.

56 *Zwahr*, Im Übergang zur bürgerlichen Gesellschaft, in: Geschichte der Universität Leipzig 1409–2009, S. 194.

57 *Zwahr*, Im Übergang zur bürgerlichen Gesellschaft, in: Geschichte der Universität Leipzig 1409–2009, S. 151.

58 *Beschorner*, Johann Paul von Falkenstein, in: ADB, Bd. XLVIII, S. 491; *Petzholdt*, Dr. Johann Paul Freiherr v. Falkenstein, S. 66.

Daraus lässt sich schließen, dass Kreisdirektor von Broizen auf der einen Seite sich wenig um die Verbindungsdelikte kümmerte und auf der anderen Seite seine Gewalt mehr und mehr zugunsten des Universitätsgerichts abgeben musste. Das letzte in den Akten vorhandene Schreiben, was den Ausschluss eines Studenten von der Universität betrifft, ist auf den 4. November 1848 datiert und beinhaltet eine Eingabe des Medizinstudenten Edward von Buttler gegen das gegen ihn ergangene consilium abeundi.[59]

III. Die Universitätsgerichtsbarkeit

Im Zuge der Karlsbader Beschlüsse kam es auch zu einer Reformation der Gerichtsbarkeit der Universität über die Studenten, weil man das Bedürfnis rücksichtslosen Einschreitens durch die traditionelle Milde der akademischen Behörden gefährdet sah.[60] Jedoch war bereits im Jahre 1813 durch Verordnung König Friedrich August I. die Gerichtsbarkeit der Universität – sie oblag seit dem 16. Jahrhundert dem concilium perpetuum – über die bürgerlichen sowie die Polizei- und Kriminalsachen aufgehoben worden.[61] Ihr stand nur noch die Disziplinargerichtsbarkeit über die Studenten zu. In diesem Bereich ersetzte das Universitätsgericht als berufenes Organ die staatliche Gerichtsbarkeit. Eine nochmalige Beschränkung der Polizeigewalt über die Studenten erfolgte am 12. März 1822 durch die akademischen „Gesetze für die Studierenden auf der Universität Leipzig".[62] Mit der Errichtung des Universitätsgerichts im Jahre 1829 und der Einsetzung eines Universitätsrichters durch den sächsischen König wurde der Universität ein Gericht aufgezwungen, welches sie gar nicht wollte. Der Universitätsrichter führte das directorium actorum und das directorium causae. Wie bereits erwähnt, lag die akademische Gerichtsbarkeit in Leipzig bei dem sogenannten Konzilium, welches aus dem Rektor, dem Exrektor und aus einer Anzahl von Assessoren bestand, die von den vier Nationen, in welche sämtliche Dozenten verteilt waren, erwählt wurden und von denen auch die Verhöre vorgenommen wurden.[63] Diese verfuhren aber weniger streng mit den Studenten, so dass diese auch im Karzer viele Freihei-

59 Acta, die verbotenen Verbindungen der Studierenden zu Leipzig betreffend 1848, SächsHStA Dresden, MKU, 10053.

60 *Stein*, Die akademische Gerichtsbarkeit in Deutschland, S. 133.

61 *Friedberg*, Die Universität Leipzig in Vergangenheit und Gegenwart, S. 65.

62 *Bruchmüller*, Kleine Chronik der Universität Leipzig, S. 19.

63 *Hase*, Ideale und Irrtümer, 7. Aufl., S. 69.

ten genossen.[64] Nun führte zwar der Rektor den Vorsitz, der Universitätsrichter war aber gegenüber der Universität unabhängig. Der Rektor stand somit in Gerichtssachen unter dem Universitätsrichter und wurde zum Sittenaufseher degradiert, der nur noch Verweise erteilen durfte.[65] Den Beisitzer und dessen Stellvertreter ernannte das Kultusministerium. Bei Abstimmungen wurde mit Stimmenmehrheit entschieden.[66] Der Regierungsbevollmächtigte agierte dabei als Rekursinstanz.[67] Erster Universitätsrichter war der Syndikus Rüling. Dieser vertrat weiterhin die Universität bei allen die Universitätsverwandten betreffenden Angelegenheiten im Vereinigten Kriminalamt der Stadt Leipzig und in der Sicherheitsbehörde der Stadt, die politische Polizei. Dem Universitätsgericht oblag somit auch die Verfolgung der autonomen studentischen Lebensformen, einschließlich des Duells und der geheimen Verbindungen.[68]

Mit der Revision der Studierendengesetze im Jahre 1831 gelang den Staatsreformern erstmalig eine Beschränkung der Kompetenzen der städtischen Polizeibehörde gegenüber den Studenten. Der Polizeibehörde wurde von da an untersagt, Studenten ohne vorherige Anhörung des Universitätsgerichts festzusetzen und zu verhören. Eine zweite Neuerung war die Zulassung von bestimmten studentischen Vereinigungen durch die Regierung, welche durch einen Vorschlag der Universität erfolgte. Es wurden nun erlaubte von unerlaubten Verbindungen unterschieden. Wie bereits erwähnt, zählten zu den erlaubten Verbindungen jene, die Wissenschaftlichkeit und Sittlichkeit beabsichtigten. Die unerlaubten Verbindungen waren weiterhin solche, die staatsverbrecherischen oder sonstigen unerlaubten Zwecken dienten. Zur Umsetzung dieser Neuerung kam es dann unter Regierungskommissar von Langenn.[69]

Im Jahre 1848 wurde die Universität Leipzig nun endlich auch offiziell vom Institut des außerordentlichen Regierungsbevollmächtigten und der vielfältigen polizeilichen Beschränkungen im Zuge der Karlsbader Beschlüsse befreit. Für die Universitätsgerichtsbarkeit bedeutete dies, dass die bisherigen Organe, also

64 *Friedberg*, Die Universität Leipzig in Vergangenheit und Gegenwart, S. 65. Solche Freiheiten waren zum Beispiel Freigang und Absprachen vor Verhören Zwecks, mit Bindfaden von Stockwerk zu Stockwerk gefädelten, Nachrichten im Karzer.

65 *Stein*, Die akademische Gerichtsbarkeit in Deutschland, S. 135.

66 *Zwahr*, Im Übergang zur bürgerlichen Gesellschaft, in: Geschichte der Universität Leipzig 1409–2009, S. 137.

67 *Stein*, Die akademische Gerichtsbarkeit in Deutschland, S. 135.

68 *Zwahr*, Im Übergang zur bürgerlichen Gesellschaft, in: Geschichte der Universität Leipzig 1409–2009, S. 137.

69 *Zwahr*, Im Übergang zur bürgerlichen Gesellschaft, in: Geschichte der Universität Leipzig 1409–2009, S. 137 f.

Rektor oder Senat, ihre Kompetenz wieder zurück erhielten. In Leipzig wurde die akademische Gerichtsbarkeit im Jahre 1848 sogar per Gesetz komplett aufgehoben[70], welches jedoch in diesem Punkt nie zur Ausführung kam.[71]

Im Endeffekt war das Jahr 1848 für die akademische Gerichtsbarkeit verhängnisvoll, weil es teilweise zu ihrer Abschaffung beitrug und auch die Diskussion über ihren Sinn und Zweck entfachte.[72]

IV. Entwicklung und Untersuchungen gegen die Leipziger Burschenschaft

1. Die zwanziger Jahre

Die Leipziger Burschenschaft befand sich im Sommer 1820 trotz des Verbotes, um das sich niemand besonders kümmerte, in vollem Gedeihen.[73] Zwar ging auch die sächsische Regierung mit Verordnungen gegen die Burschenschaft vor, im Wesentlichen blieb es aber bei Gutachten und Vorschlägen zur Abwehr der von der Burschenschaft ausgehenden Gefahren. Das innere und äußere Leben der Burschenschaft wurde davon jedoch kaum berührt.[74] In der Öffentlichkeit wurde das schwarz-rot-goldene Band, zu akademischen Feierlichkeiten der deutsche Rock mit Schärpe und befiedertem Barett getragen. In der Vorstadt wurde ein großer Saal in einem Gasthaus angemietet und im Garten ein Turnplatz eingerichtet.[75] Weiterhin wurde eine Bibliothek begründet und eine eigene Zeitung herausgegeben, welche zusammen mit verschiedenen Aushängen im Gasthaus auslag.[76] Insgesamt verlebten die Burschenschafter zu dieser Zeit noch ein ruhiges, von gutem Ton und Fleiß geprägtes Studentenleben. Zu den ebenfalls in Leipzig bestehenden Landsmannschaften Lusatia, Montania, Neoborussia und Saxonia befand man sich im gegenseiti-

70 „§ 1 Die königlichen Landgerichte, Justizämter, Justitiariate und Kammergutsgerichte, nicht minder die sämmtlichen Patrimonialgerichte, mit Einschluß der Municipalgerichte der Städte, und das Universitätsgericht zu Leipzig werden aufgehoben." Ges. vom 23.11.1848, Gesetz- und Verordnungsblatt für das Königreich Sachsen vom Jahre 1848, S. 295, § 1.

71 *Stein*, Die akademische Gerichtsbarkeit in Deutschland, S. 138.

72 *Stein*, Die akademische Gerichtsbarkeit in Deutschland, S. 139.

73 *von Schlumb*, Der deutsche Student, S. 297.

74 *Wentzcke*, Geschichte der Deutschen Burschenschaft, in: Quellen und Darstellungen zur Geschichte der Burschenschaft und der deutschen Einheitsbewegung, Bd. VI, S. 365; *Leonhardt*, Die älteste Leipziger Burschenschaft (1818–1833), S. 27.

75 Im Sommer im Lokal „Blaue Mütze" am Rosental, im Winter im Lokal „Goldene Gans" im Ausgang der Hainstraße.

76 *Hase*, Ideale und Irrtümer, 7. Aufl., S. 68.

gen Verrufsverhältnis und ging sich aus dem Weg.[77] Jedoch sahen bald alle Verbindungen ein, dass der Verruf kein Mittel sei, die andere Seite zu beseitigen. So kam es, dass in den Räumlichkeiten Karl Hases im Alten Paulinum ein Vertrag zwischen Burschenschaft und Landsmannschaft ausgearbeitet wurde, welcher Bestimmungen über das Verhältnis der Verbindungen, Beleidigungen und Duelle enthielt.[78] Das Vertragswerk wurde sodann am 13. September 1820 unterzeichnet und somit ein Repräsentantenkonvent unter der Beteiligung von vier Mitgliedern der Burschenschaft und vier der Landsmannschaft geschaffen, welcher als Ehrengericht in allen streitigen Angelegenheiten dienen sollte. Nur bei Stimmengleichheit sollte die Burschenschaft noch eine fünfte Stimme bekommen.[79] Das dieses Stimmungleichgewicht, welches aufgrund der Stärke der Burschenschaft durchgesetzt wurde, schon den Keim für zukünftige Streitigkeiten in sich trug, war klar.

Jedoch war die Sicherheit, in der sich die Leipziger Burschenschaft wog, trügerisch. Sie war zwar nicht erlaubt, wurde aber an der Universität geduldet.[80] Beispielhaft dafür kann die Untersuchung gegen den Leipziger Burschenschafter Joachim Leopold Haupt[81] angesehen werden. Am 15. März 1820 erhielt Polizeipräsident von Rackel ein Schreiben des Ministers von Einsiedel[82], wonach der Vorsitzende der Leipziger Burschenschaft Haupt plane, eine Veröffentlichung über die Burschenschaft herauszubringen. Dadurch wurde von Rackel zum Handeln gezwungen. Das offensichtliche Wohlwollen jedoch, welches die Behörden an den Tag legten, führte nach einigen Verhören und der Leugnung Haupts, Mitglied einer solchen Burschenschaft zu sein, dazu, dass

---

77 *Döring*, in: Bünz / Rudersdorf / Döring, Geschichte der Universität Leipzig 1409–2009, S. 615.

78 *Bruchmüller*, Der Leipziger Brauch vom Jahre 1820, in: Quellen und Darstellungen zur Geschichte der Burschenschaft und der deutschen Einheitsbewegung, Bd. VIII, S. 188.

79 *Bruchmüller*, Die Anfänge der Leipziger Burschenschaft, in: Quellen und Darstellungen zur Geschichte der Burschenschaft und der deutschen Einheitsbewegung, Bd. V, S. 34.

80 UAL, Dienstbibliothek, Bibl. 146, S. 21.

81 1797–1883, evangelischer Pfarrer und sorbischer Volkskundler, vgl. über ihn *Lehmann*, Joachim Leopold Haupt, in: NDB, Bd. VIII, S. 100.

82 Detlev von Einsiedel (1773–1861), sächsischer Staatsmann und Eisenhüttenunternehmer, seit 1813 Kabinettsminister, Staatssekretär des Inneren, Staatssekretär für auswärtige Angelegenheiten, vgl. über ihn *Döring / Schmidt*, Detlev von Einsiedel, in: NDB, Bd. IV, S. 400 f.

von Rackel nach Dresden berichtete, dass keine Burschenschaft in Leipzig bestehe und Haupt auch nicht Mitglied bei dieser sein könne.[83]

Jedoch kam es bereits im Sommer 1820 zu weiteren Untersuchungen gegen die Burschenschaft, weil die Durchführung eines Zweikampfes bekannt geworden war.[84] Die Burschenschaft musste sich somit förmlich auflösen und bestand mit einer Stärke von 200–250 Mitgliedern als Lesegesellschaft weiter.[85] Der September brachte aber neue Untersuchungen, weil den Behörden eine öffentlich bekannt gemachte Verrufserklärung gegen den, wegen Bruch des Ehrenwortes ausgeschlossenen, Burschenschafter Landeck in die Hände fiel, die am schwarzen Brett und auf dem Fechtboden angeschlagen war, und in die nun auch die Landsmannschaften mit verwickelt wurden.[86] Die Lesegesellschaft musste nun komplett in einen formlosen Verein umgewandelt werden.[87] Die Untersuchungen endeten am 3. April 1821 mit dem consilium abeundi für Hase und Herbst. Von nun an bestand die Burschenschaft, unter besonderer Vorsicht, als Fechtgesellschaft weiter.[88]

Das Abkommen zwischen der Burschenschaft und den Landsmannschaften bestand bis zum 14. März 1822 und wurde dann, begründet durch viele Streitereien, vor allem um die fünfte Stimme der Burschenschaft, aufgehoben. 1823 kam es wieder zu einer Annäherung zwischen Burschenschaft und Landsmannschaften, was jedoch zu keiner Erneuerung des Abkommens führte.[89] Aufgrund immer schärfer werdender Verfolgungen seit Mitte der zwanziger Jahre sah sich die Burschenschaft gezwungen, im Mai 1824 ganz aufzulösen

---

83 *Leonhardt*, Die älteste Leipziger Burschenschaft (1818–1833), S. 28; *Bruchmüller*, Die Anfänge der Leipziger Burschenschaft, in: Quellen und Darstellungen zur Geschichte der Burschenschaft und der deutschen Einheitsbewegung, Bd. V, S. 45; *Knaake / Thiele / Tornius / Leonhardt*, Geschichte der Leipziger Burschenschaft Germania 1818–1928, S. 12.

84 *Bruchmüller*, Kleine Chronik der Universität Leipzig, S. 19. In Sachsen erhielt der Denunziant, welcher das Duell zur Anzeige brachte, eine Belohnung, vgl. dazu *Salza und Lichtenau*, Handbuch des Polizeirechts, S. 234.

85 *Leonhardt*, Die älteste Leipziger Burschenschaft (1818–1833), S. 38.

86 *Bruchmüller*, Die Anfänge der Leipziger Burschenschaft, in: Quellen und Darstellungen zur Geschichte der Burschenschaft und der deutschen Einheitsbewegung, Bd. V, S. 61.

87 *Leonhardt*, Die älteste Leipziger Burschenschaft (1818–1833), S. 40.

88 *Heer*, Geschichte der Deutschen Burschenschaft – Die Demagogenzeit, in: Quellen und Darstellungen zur Geschichte der Burschenschaft und der deutschen Einheitsbewegung, Bd. X, S. 48.

89 *Bruchmüller*, Der Leipziger Brauch vom Jahre 1820, in: Quellen und Darstellungen zur Geschichte der Burschenschaft und der deutschen Einheitsbewegung, Bd. VIII, S. 190.

und nur noch ein Dasein im Verborgenen zu führen.[90] So kam es auch zur Selbstanzeige von 21 Studenten der Universität am 1. Juni 1824 wegen Zugehörigkeit zur Burschenschaft und Bitte um milde Strafen.[91] Mit königlichem Mandat vom 21. März 1825 wurde in Zukunft die Teilnahme an verbotenen Verbindungen als Kriminalfall eingestuft und somit der Gerichtsbarkeit der Universität entzogen.[92] Nachdem die Burschenschaft und die Corps[93] zur Versöhnung am 31. Oktober 1825 einen großen Kommers im Hotel de Prusse veranstaltet hatten und nachdem bereits im September 1825 das Abkommen bezüglich des Ehrengerichts zwischen beiden erneuert worden war, das dann bis 1828 bestand, kam es zu erneuten Untersuchungen. Daraufhin wurden durch den Regierungsbevollmächtigten von Ende wieder Ermittlungen aufgenommen. Die Untersuchungen endeten erst im Dezember 1825. Am 1. Januar 1826 stellte der Regierungsbevollmächtigte fest, dass die Burschenschaft weiter bestehe. Daraufhin wurde am 10. März 1826 vom König eine Untersuchungskommission eingesetzt, welche sich nun darauf konzentrierte, die verdächtige Burschenschaft zu verfolgen.[94] Bereits am 15. März 1826 wurden 15 Mitglieder verhaftet, jedoch 11 von ihnen wegen Leugnung der Zugehörigkeit wieder entlassen. Dennoch kam es zu weiteren Verhaftungen. Durch Erkenntnisse aus den Untersuchungen wurden am 24. Mai 1826 acht der am meisten belasteten Mitglieder relegiert und acht weitere mit dem consilium abeundi auf zwei Jahre belegt sowie weitere 30, welche sich freiwillig anzeigten, mit einer Verwarnung bestraft.[95] Eine Fortsetzung der Burschenschaft in Leipzig war somit unmöglich geworden.[96]

Immer wenn Untersuchungen gegen die Burschenschaften eingeleitet wurden, geschah dies auch gegen die Corps. Da aber bei ihnen, wie bereits erwähnt, von Anfang an alle polizeilichen Absichten fehlten, sie im Gegenteil stets auf Seiten der staatserhaltenden Parteien zu finden waren, hatten solche Verfolgungen keinerlei weitere Folgen für das bürgerliche Leben, wie dies bei den

---

90 *Biedermann*, Karl Braun (1807–1868): Leben und Werk, S. 13.

91 UAL, Rektor (1409–1951), Rep. II/XVI/I Nr. 10, Blatt. 200–203.

92 *Leonhardt*, Die älteste Leipziger Burschenschaft (1818–1833), S. 59.

93 Die alten Landsmannschaften hatten sich in Zwischenzeit fast ausschließlich in Corps umbenannt.

94 *Bauer*, Geschichte des Corps Lusatia zu Leipzig 1807–1932, S. 112.

95 *Bauer*, Geschichte des Corps Lusatia zu Leipzig 1807–1932, S. 112.

96 *Heer*, Geschichte der Deutschen Burschenschaft – Die Demagogenzeit, in: Quellen und Darstellungen zur Geschichte der Burschenschaft und der deutschen Einheitsbewegung, Bd. X, S. 51; *Knaake / Thiele / Tornius / Leonhardt*, Geschichte der Leipziger Burschenschaft Germania 1818–1928, S. 17.

Burschenschaften der Fall war.[97] Eine große, zu Ostern 1826 eröffnete, Untersuchung über die in Leipzig bestehenden Verbindungen verlief zum Beispiel für das Corps Saxonia zu Leipzig ohne ernstliche Gefahr, als jene Untersuchung überhaupt weniger durch eigenen Antrieb der sächsischen Regierung durchgeführt wurde als mehr der Form wegen. Das Ergebnis dieser Untersuchung war ein nicht ernst gemeintes Verbot der Verbindung. Durch königliche Gnade konnten sich die Mitglieder gewiss sein, eine milde Strafe zu erhalten. Diese wurde für all diejenigen gewährt, welche sich selbst anzeigten, wie es bei den Mitgliedern des Corps Saxonia der Fall gewesen ist.[98] Die Strafe betrug nun 14 Tage Karzer für die Chargierten und acht Tage Karzer für die restlichen Mitglieder, welche noch um die Hälfte der Zeit begnadigt wurden.[99]

Die burschenschaftliche Bewegung erlosch jedoch auch in den dreißiger und vierziger Jahren nie völlig. Dabei herrschte in Leipzig zunächst immer die gemäßigte Richtung innerhalb der Burschenschaft vor.[100] Auch waren die Freiheiten der Verbindungen in Sachsen in den zwanziger Jahren im Allgemeinen viel größer als in anderen Staaten.

Zu einer Neugründung der Burschenschaft, mit geänderten Statuten, kam es erst wieder am 5. Mai 1829, nachdem bereits am 12. Januar 1827 eine Fechtbodengesellschaft gegründet worden war, welche jedoch äußerste Zurückhaltung nach außen walten lassen musste.[101] Ab diesem Zeitpunkt nahm sie, jedoch im Geheimen, auch wieder an der Arbeit im allgemeinen Verband teil, vermochte es aber zu keiner Blüte mehr zu bringen und blieb verhältnismäßig klein.[102]

2. Die dreißiger Jahre und die Auflösung

Strenger, jedoch erfolglos, wurde die Überwachung erst wieder in den dreißiger Jahren, mit Beginn der Septemberunruhen vom Jahre 1830.

---

97 Aus der Geschichte des Corps Lusatia zu Leipzig, S. 15.

98 *Bauer*, Geschichte des Corps Lusatia zu Leipzig 1807–1932, S. 113.

99 *Benecke / Heine*, Geschichte des Corps Saxonia zu Leipzig, S. 56.

100 *Bruchmüller*, Der Leipziger Student 1409–1909, S. 118 f.

101 *Bauer*, Geschichte des Corps Lusatia zu Leipzig 1807–1932, S. 121; ein offizielles Auftreten als Burschenschaft war noch nicht möglich, anders aber *Ballerstedt*, Vom Bamberger zum Frankfurter Burschentag, in: Studentische Burschenschaften und bürgerliche Umwälzung, S. 170; *Biedermann*, Karl Braun (1807–1868): Leben und Werk, S. 14.

102 *Heer*, Geschichte der Deutschen Burschenschaft – Die Demagogenzeit, in: Quellen und Darstellungen zur Geschichte der Burschenschaft und der deutschen Einheitsbewegung, Bd. X, S. 169.

Anlass für die ersten Unruhen war die dreihundertjährige Jubelfeier der Augsburger Konfession im Jahre 1830. Nachdem der damalige Rektor der Universität Professor Krug[103] (Rektor 1813 u. 1830)[104] den Studenten das Tragen von Uniformen auf dem Festumzug gestattet hatte[105], erteilte der Polizeipräsident von Ende den Studenten diesbezüglich ein Verbot.[106] Viele hatten sich extra für diese Veranstaltung teure Uniformen schneidern lassen und Verwandte von nah und fern eingeladen. Durch das Verbot motiviert, blieben die Studenten dem Umzug fern. Jedoch kam es in den Abendstunden zu mehreren Zusammenstößen mit der Polizei. Im Schutze der Dunkelheit machten die verärgerten Studenten ihrer Wut Luft, indem sie Fensterscheiben einwarfen und Laternen zerschlugen, wobei es bei Handgemengen mit Polizei und Militär auch zu einem Todesopfer – dem Kaufmann Gottschalch – kam.[107]

Insgesamt gesehen stellten sich die Studenten, Burschenschaften wie Corps, während der Septemberunruhen aber auf die Seite der Staatsgewalt, nachdem sie von Rektor Krug am 5. September 1830 aufgefordert worden waren sich zu bewaffnen[108], in Kompanien zu organisieren, welche natürlich den Verbindungen entsprachen, und die aus der Bürgerschaft gebildete Kommunalgarde bei der Wiederherstellung der Ordnung zu unterstützen.[109] Für die Studenten war der Dienst in der Kommunalgarde eine Chance, als äußeres Kennzeichen die Farben ihrer verbotenen Verbindungen zu zeigen.[110] Hierbei setzten die Leipziger Studenten aber auch die Grenzen ihrer Forderung nach Freiheit. Sie selbst sahen sich aufgrund ihrer Herkunft und Stellung gegenüber den restlichen Volksmassen als privilegiert an und scheuten sich nicht, die revolutionären Handlungen des Volkes zu bekämpfen.[111] Dies als Klassenkampf zu sehen

---

103 Wilhelm Traugott Krug (1770–1842), deutscher Philosoph, 1801 ao. Professor an der Universität Frankfurt (Oder), 1805 o. Professor an der Universität Königsberg, 1809 o. Professor an der Universität Leipzig, vgl. über ihn *Holz*, Wilhelm Traugott Krug, in: NDB, Bd. XIII, S. 114 f.

104 *Gersdorf*, Beitrag zur Geschichte der Universität Leipzig – Die Rectoren der Universität Leipzig nebst summarischer Übersicht der Inscriptionen vom Jahre der Gründung bis zur Gegenwart.

105 *Krug*, Leipziger Freuden und Leiden, S. 12.

106 *Hammer*, Volksbewegung und Obrigkeiten, S. 123; *Krug*, Leipziger Freuden und Leiden, S. 16.

107 *Krug*, Leipziger Freuden und Leiden, S. 23.

108 *Krug*, Leipziger Freuden und Leiden, S. 32.

109 *Hammer*, Volksbewegung und Obrigkeiten, S. 138.

110 *Hoyer*, Kleine Geschichte der Leipziger Studentenschaft 1409–1989, S. 113.

111 *Ballerstedt*, Vom Bamberger zum Frankfurter Burschentag, in: Studentische Burschenschaften und bürgerliche Umwälzung, S. 180, begründet dies weiterhin mit den großbürgerlich-liberalen Interessen der Studenten, die für die Leipziger Burschenschaft

wäre jedoch sicherlich verfehlt, weil die Studenten sich nicht für einen Kampf der Besitzbürger gegen die Arbeiterschaft instrumentalisieren ließen, sondern lediglich der Aufforderung des Rektors Folge leisteten, um für Sicherheit und Ordnung zu sorgen.[112] Nach der Wiederherstellung der Ordnung dankte die Stadt der Studentenschaft, indem sie ihr zum Reformationsfest am 31. Oktober 1830 öffentlich eine gestickte Fahne überreichen lies.[113]

Im Wintersemester 1831/32 schied die Leipziger Burschenschaft aufgrund von Streitigkeiten mit Burschenschaften an anderen Hochschulen und der Entscheidung des Frankfurter Burschentages aus dem allgemeinen Verband aus.[114] Innerlich bestand sie nur noch aus 60 Mitgliedern und war zerstritten. Mit den Corps herrschte weiterhin Verruf. Politisch gab es bei der Leipziger Burschenschaft keine Aktivität mehr. Ganz im Gegenteil zeigte sie wiederum im August 1831 ihre Treue zur Regierung, indem sie Anteil an der Unterdrückung der Unruhen nahm. Von dieser Zeit an wurde die Burschenschaft unbehelligt gelassen. Ihr wurde sogar zum Versöhnungsfest am 31. Oktober 1831 ein Auftreten in Farben durch den Regierungskommissar gestattet. Gleiches erfolgte durch den Rektor zum Rektoratswechsel am 31. Oktober 1832, was diesmal allein durch den Regierungskommissar untersagt wurde.[115]

Die Entwicklung innerhalb der Leipziger Burschenschaft nahm jedoch keinen positiven Verlauf. Nach dem gescheiterten Frankfurter Wachensturm am 3. April 1833 und den daraufhin wieder einsetzenden Verfolgungen in ganz Deutschland fasste die Leipziger Burschenschaft die Erkenntnis, dass eine positive Entwicklung in der Folgezeit nicht zu erwarten war, und löste sich am 24. April 1833 unter Vernichtung all ihrer Papiere und mit großer Auffälligkeit, um allen zu zeigen, dass nunmehr keine Burschenschaft mehr in Leipzig bestehe, selbst auf.[116] Von einer ernstzunehmenden burschenschaftlichen

---

aufgrund des schlichten Lebens doch eher zu verneinen sind, aber sicherlich auf die Corps zutreffen.

112 A. A. *Ballerstedt*, Vom Bamberger zum Frankfurter Burschentag, in: Studentische Burschenschaften und bürgerliche Umwälzung, S. 180.

113 *Bruchmüller*, Der Leipziger Student 1409–1909, S. 129 f.

114 Der Frankfurter Burschentag hatte die Leipziger Burschenschaft gemaßregelt, weil diese die Aufgaben des engeren Vereines auf die Allgemeinheit, der alle Mitglieder der Burschenschaft angehörten, übertragen hatte. So näher *Knaake / Thiele / Tornius / Leonhardt*, Geschichte der Leipziger Burschenschaft Germania 1818–1928, S. 23 f.

115 *Heer*, Geschichte der Deutschen Burschenschaft – Die Demagogenzeit, in: Quellen und Darstellungen zur Geschichte der Burschenschaft und der deutschen Einheitsbewegung, Bd. X, S. 257.

116 *Fick*, Auf Deutschlands hohen Schulen, S. 271; *Hoyer*, Kleine Geschichte der Leipziger Studentenschaft 1409–1989, S. 116; *Zwahr*, Im Übergang zur bürgerlichen Gesell-

Vereinigung konnte in den nächsten Jahren in Leipzig nicht mehr gesprochen werden.[117]

Nunmehr fand in den Folgejahren eine Auflehnung der „Wilden“ oder der „Kamele“ gegen die, aus der Auflösung der Burschenschaft erstarkt hervorgegangenen, Corps statt. Erstmals wird davon 1834 berichtet. Anlässlich der Einweihung des Augusteums im Jahre 1836 stellten die „Kamele“ sogar eine Abordnung zum Festumzug, bestehend aus Marschällen und Chapeaux d'honneur[118]. Diese Bewegung erlahmte, mit Ausnahme weniger Unterbrechungen, jedoch schnell wieder.[119]

Dessen ungeachtet wurde am 1. März 1835 eine Untersuchung gegen 200 Leipziger Burschenschafter eingeleitet. Diese wurde am 11. Juni 1836 auf diejenigen beschränkt, welche seit 1827 Mitglieder der Burschenschaft gewesen waren. Im November 1837 wurden 19 von ihnen mit einem bis zu drei Jahren Gefängnis wegen der Zugehörigkeit zur Burschenschaft bestraft und ihnen wurde die Fähigkeit zur Bekleidung jeglicher öffentlicher Ämter abgesprochen.[120] Die Härte des Urteils überraschte alle. Die Verurteilten fanden jedoch in dem Dozenten an der juristischen Fakultät Wilhelm Michael Schaffrath einen engagierten Verteidiger. Vor dem Oberappellationsgericht in Dresden erwirkte er einen Freispruch für alle Verurteilten.[121] Daraufhin wurde er an der Leipziger Juristenfakultät von seinen Kollegen als Unperson behandelt und ihm eine akademische Karriere verwehrt. Auch sein Name fand keinen Eingang in die offizielle Geschichte der Juristenfakultät vom Jahre 1909.

---

schaft, in: Geschichte der Universität Leipzig 1409–2009, S. 148; *Knaake / Thiele / Tornius / Leonhardt*, Geschichte der Leipziger Burschenschaft Germania 1818–1928, S. 25; *Reichel*, Robert Blum – Ein deutscher Revolutionär 1807–1848, S. 27.

117 *Heer*, Geschichte der Deutschen Burschenschaft – Die Demagogenzeit, in: Quellen und Darstellungen zur Geschichte der Burschenschaft und der deutschen Einheitsbewegung, Bd. X, S. 313; *Leonhardt*, Die älteste Leipziger Burschenschaft (1818–1833), S. 75.

118 Der Anführer eines Ehrengeleits, z. B. bei den Gratulationen, die einem neuen Rektor überbracht wurden.

119 *Heer*, Geschichte der Deutschen Burschenschaft – Die Zeit des Progresses, in: Quellen und Darstellungen zur Geschichte der Burschenschaft und der deutschen Einheitsbewegung, Bd. XI, S. 24.

120 *Knaake / Thiele / Tornius / Leonhardt*, Geschichte der Leipziger Burschenschaft Germania 1818–1928, S. 25.

121 *Hoyer*, Kleine Geschichte der Leipziger Studentenschaft 1409–1989, S. 116.

3. Neugründung und Spaltung in den vierziger Jahren

Teilweise in Zusammenhang mit dem Auflehnen der „Wilden" steht die Gründung eines burschenschaftlichen Kreises in Neutzsch bei Leipzig, welcher sich am 12. August 1839 aus Jenaer Burschenschaftern mit Unterstützung des Theatersekretärs Robert Blum (1807–1848)[122], dessen Schwager Johann Georg Günther[123] und Carl Eduard Cramer[124] als Leipziger Burschenschaft gründete. Die ersten Kneipen fanden zunächst im „Plauenschen Hof" auf dem Brühl statt, bevor man zu Michaelis 1840 die Lokalität zum Wirt Koch in die Fleischergasse, gegenüber dem Lokal „Kaffeebaum" verlegte und sich „Kochei" nannte, um den Namen Burschenschaft zu vermeiden.[125] Als internes Erkennungszeichen wurde das schwarz-rot-goldene Band und die rote Mütze getragen, welche in der Öffentlichkeit mit einem grauen Samtüberzug verdeckt wurde. Als Vorbild wurde die Burschenschaft auf dem Burgkeller in Jena betrachtet, und so orientierte man sich an deren Aufbau und Gebräuchen. Demnach betonte die Burschenschaft den vaterländischen Zweck, die Pflege der wissenschaftlichen und politischen Ausbildung durch Kränzchen und die Ausübung des Duellzwanges nach vorheriger Anhörung eines Ehrengerichtes. Mit den Corps bestand wiederum Verruf.

Jedoch kam es in den ersten Jahren des Bestehens bereits zu Reformbestrebungen innerhalb der Burschenschaft.[126] Die nachfolgende Entwicklung der Burschenschaft war vor allem durch Abspaltungen und Reformideen gekenn-

---

122 Robert Blum war Ehrenmitglied der Leipziger Burschenschaft und später Abgeordneter der Frankfurter Nationalversammlung. Blum trat für Volkssouveränität und die Republik ein. Im Oktober 1848 überbrachte er eine Sympathiebekundung seiner Fraktion der Nationalversammlung an die Wiener Revolutionäre. Dort wurde er zum Ehrenführer einer Batterie im Kampf gegen die Regierungstruppen und wurde nach der Schlacht bei Windischgrätz am 9. November 1848 standrechtlich wegen Hoch- und Landesverrates erschossen. Die rechtswidrige Hinrichtung erregte in ganz Europa Empörung. Dieser Schlag gegen die Paulskirche führte zur Entfremdung zwischen Wien und Frankfurt. Dies führte zur Radikalisierung der Paulskirchenversammlung.

123 1808–1872, deutscher Politiker und Mitglied der Frankfurter Nationalversammlung.

124 1817–1886, Privatgelehrter, kleinbürgerlicher, demokratischer Publizist, 1848/49 Mitglied der II. Kammer des sächsischen Landtages.

125 *Rathmann*, alma mater lipsiensis, S. 175; *Knaake / Thiele / Tornius / Leonhardt*, Geschichte der Leipziger Burschenschaft Germania 1818–1928, S. 29. *Reichel*, Robert Blum – Ein deutscher Revolutionär 1807–1848, S. 27 nennt zwar den Kontakt zur Leipziger Burschenschaft, verschweigt aber, dass Blum maßgeblich bei der Wiedergründung beteiligt war.

126 *Heer*, Geschichte der Deutschen Burschenschaft – Die Zeit des Progresses, in: Quellen und Darstellungen zur Geschichte der Burschenschaft und der deutschen Einheitsbewegung, Bd. XI, S. 24 f.

zeichnet. In der „Kochei" drangen die Reformgedanken langsam vor, was dazu führte, dass sich am 2. März 1841 unter der Führung von Häpe[127] und Streit ein Teil absonderte, der das überlieferte Studententum und das Fechtwesen pflegte.[128] Diese Abspaltung bestand jedoch nicht lange, sondern wurde bereits am 22. August 1841, nachdem sie sich in Marcomannia umbenannt und Corps geworden war aber ihre burschenschaftliche Ausrichtung beibehalten hatte, polizeilich aufgelöst.[129]

Als es zu mehreren Streitigkeiten zwischen den Corps und den sogenannten Finken[130] kam, gründeten diese im September 1841 eine allgemeine Studentenschaft, um organisiert gegen die Corps vorzugehen. Die „Kochei" stellte sich an die Spitze dieser ca. 600 Mitglieder umfassenden allgemeinen Studentenschaft.[131] Innerhalb der Studentenschaft wurde nun ein Vorstand gewählt, der mit den Corps über einen neuen gemeinsamen Ausschuss verhandeln sollte. Als die Corps dem nicht zustimmten, errichtete die allgemeine Studentenschaft selbst ein Ehrengericht, welches unter anderem aus acht Burschenschaftern bestand und bei allen Beleidigungen und Streitigkeiten angerufen werden musste.[132]

Jedoch existierte auch die allgemeine Studentenschaft nicht lange. Ihren Höhepunkt hatte sie zum Prorektoratswechsel im Oktober 1842. Spätestens als der innere Führer der Studentenschaft, der damalige Sprecher der „Kochei" Hermann Kriege[133], im Herbst 1842 fort ging, lockerte sich die allgemeine Studentenschaft, sodass viele wieder austraten.[134] Zuletzt bestand sie nur noch aus 37 Finken und wurde auf Antrag der „Kochei" im Sommer 1843 aufgelöst.

---

127 Vermutlich Hugo Häpe (1818–1902), bis 1843 Studium der Philosophie, Staats- und Rechtswissenschaften an der Universität Leipzig, Förderer der Gabelsbergerschen Stenographie, vgl. über ihn *Schwarz*, Hugo Häpe, in: NDB, Bd. VII, S. 448 f.

128 *Stoya / Noack*, Freie Musensöhne, S. 208.

129 *Heer*, Geschichte der Deutschen Burschenschaft – Die Zeit des Progresses, in: Quellen und Darstellungen zur Geschichte der Burschenschaft und der deutschen Einheitsbewegung, Bd. XI, S. 33.

130 Freistudenten, die keiner Korporation angehörten.

131 *Stoya / Noack*, Freie Musensöhne, S. 209; *Hoyer*, Kleine Geschichte der Leipziger Studentenschaft 1409–1989, S. 119; *Knaake / Thiele / Tornius / Leonhardt*, Geschichte der Leipziger Burschenschaft Germania 1818–1928, S. 32.

132 *Heer*, Geschichte der Deutschen Burschenschaft – Die Zeit des Progresses, in: Quellen und Darstellungen zur Geschichte der Burschenschaft und der deutschen Einheitsbewegung, Bd. XI, S. 33.

133 1820–1850, deutscher Burschenschafter, Journalist und Revolutionär 1848/49, vgl. über ihn *Wesselmann*, Burschenschafter, Revolutionär, Demokrat. Hermann Kriege und die Freiheitsbewegung 1840–1850.

134 *Rathmann*, alma mater lipsiensis, S. 175.

Somit bestanden in Leipzig neben der „Kochei“ und den Corps mehrere Verbindungen, die aus der allgemeinen Studentenschaft hervor gegangen waren.[135]

Obwohl Anfang der vierziger Jahre der behördliche Druck auf die Verbindungen nachließ und sich bei den Universitätsbehörden eine freie Anschauung durchsetzte, veränderte sich an der Einstellung der Regierung in Dresden nichts.[136] Nachdem am 3. März 1843 bei dem ehemaligen Sprecher der „Kochei“ Hermann Kriege in München bei einer Hausdurchsuchung eine Mappe mit der Aufschrift „Burschenschaft“ und darin mehrere Briefe gefunden worden waren, wonach unerlaubte Verbindungen in Berlin, Halle, Jena, Heidelberg, Leipzig, Tübingen und Kiel bestanden und Beziehungen zu Bonn und Göttingen unterhielten, fanden wieder vermehrt Untersuchungen gegen die Burschenschaft statt.[137] So wurden in Leipzig im Sommer 1843 der Sprecher der „Kochei“ Hans von Mangold[138] und weitere Mitglieder in den Karzer gebracht. Am 6. Dezember 1843 wurde ihnen das Urteil eröffnet, wobei von Mangold, Besser[139] und Külbel das consilium abeundi auf drei Jahre erhielten, während andere mit Karzerhaft belegt wurden. Am Abend löste sich die „Kochei“ unter Absingen des Liedes „Wir hatten gebauet“ auf dem Leipziger Marktplatz auf, wobei einige Mitglieder noch am selben Abend die Burschenschaft Arminia, auch „neue Kochei“ genannt, mit den alten Farben gründeten.[140]

Diese Verbindung drängte nun maßgeblich in die neu aufkeimende progressistische Richtung. So berief sie für den 9. Februar 1844 eine allgemeine Studentenversammlung ins Schützenhaus ein, an der rund 400 bis 500 Studenten,

---

135 Als wichtigste sind hier beispielhaft die neue Landsmannschaft Marcomannia von 1843 (schwarz-weiß-gold), die Landsmannschaft Variscia von 1844 (schwarz-weiß-rot) und die Landsmannschaft Montania von 1844 (schwarz-blau-silber) zu nennen.

136 *Bauer*, Geschichte des Corps Lusatia zu Leipzig 1807–1932, S. 193.

137 *Stoya / Noack*, Freie Musensöhne, S. 210.

138 1824–1868, 1842 Studium der Rechts- und Staatswissenschaften an der Universität Leipzig, Genf und Tübingen, 1858 ao. Professor an der Universität Göttingen, 1862 o. Professor an der Universität Freiburg, vgl. über ihn *Leser*, Hans von Mangold, in: ADB, Bd. XX, S. 190–193.

139 Leopold August Besser (1820–1906), Mediziner, vgl. über ihn *Leibbrand*, Leopold August Besser, in: NDB, Bd. II, S. 182 f.

140 *Heer*, Geschichte der Deutschen Burschenschaft – Die Zeit des Progresses, in: Quellen und Darstellungen zur Geschichte der Burschenschaft und der deutschen Einheitsbewegung, Bd. XI, S. 34; *Stoya / Noack*, Freie Musensöhne, S. 211; *Knaake / Thiele / Tornius / Leonhardt*, Geschichte der Leipziger Burschenschaft Germania 1818–1928, S. 36.

auch Corpsstudenten und Landsmannschafter, teilnahmen.[141] Auf dieser Versammlung wurde die Einführung der Hörfreiheit, die Abschaffung des Zeugniszwanges, die Änderung der akademischen Disziplinargesetze, vor allem der Karzerordnung und Errichtung eines Turnplatzes sowie Gründung einer allgemeinen Studentenschaft besprochen.[142] Als die Behörden davon Kenntnis bekamen, wurden bereits drei Tage später alle Versammlungen verboten und die Veranstalter von Mangold, Schwedler und Kieselhausen von der „neuen Kochei" relegiert.[143]

Nachdem die Studentenschaft nun vorwiegend die Auseinandersetzung auf dem geistigen Gebiet suchte, wurde dies vom Volk handgreiflicher durchgeführt. Am 12. August 1845 kam es aufgrund der Anwesenheit des Prinzen Johann in Leipzig, welcher in Gohlis die jährliche Musterung der seit 1830 bestehenden Bürgergarde durchführte, zu erheblichen Ausschreitungen. Wiederum bewaffneten sich die Studenten, bildeten Studentenwehren, abermals nach Aufforderung des Rektors Dr. Günther[144], und halfen bei der Aufrechterhaltung der Ordnung und Ruhe, bis am 21. August der Rektor die Auflösung veranlasste.[145]

Neben der „neuen Kochei" wandelten sich nun weitere Verbindungen in Burschenschaften um. Nachdem die Landsmannschaften Allemannia und Montania eingegangen waren, wandten sich vor allem die neue Marcomannia und Variskia den Burschenschaften zu. Die „neue Kochei" kam aber auch in dieser Zeit nicht ohne innere Streitigkeiten aus. Dies war vor allem durch die fortschreitende Progression begründet. Viele der Mitglieder forderten eine völlige Beseitigung des Mensurzwanges und gänzliche Gleichstellung aller Mitglieder. Persönliche Streitigkeiten und die strenge Durchführung des Sittlichkeitsprinzips sorgten am 9. Juli 1846 für eine große Spaltung. Der ausgeschiedene Teil gründete die Burschenschaft Germania mit den Farben

141 SächsHStA Dresden, Schreiben an das Universitätsgericht zu Leipzig vom 11. Februar 1844, MKU, 10069, S. 5 f.

142 *Bauer*, Geschichte des Corps Lusatia zu Leipzig 1807–1932, S. 199.

143 *Heer*, Geschichte der Deutschen Burschenschaft – Die Zeit des Progresses, in: Quellen und Darstellungen zur Geschichte der Burschenschaft und der deutschen Einheitsbewegung, Bd. XI, S. 34; SächsHStA Dresden, Ganz gehorsamstes Inserat vom 28.2.1844, MKU, 10069, S. 48.

144 Karl Friedrich Günther (1786–1864), deutscher Rechtswissenschaftler, 1829 o. Professor an der Universität Leipzig, 1845/46 Rektor der Universität Leipzig.

145 *Heer*, Geschichte der Deutschen Burschenschaft – Die Zeit des Progresses, in: Quellen und Darstellungen zur Geschichte der Burschenschaft und der deutschen Einheitsbewegung, Bd. XI, S. 35; ausführlicher *Reichel*, Robert Blum – Ein deutscher Revolutionär 1807–1848, S. 56 f.

schwarz-rot-gold. Diese hingen wieder der altburschenschaftlichen Idee an und paukten mit den Corps.[146] Von dieser Zeit an war die Spaltung der Burschenschaft durch diese gravierenden Grundverschiedenheiten besiegelt.

Eine letzte kurzzeitige Einigung aller Verbindungen, Corps, Landsmannschaften und Burschenschaften fand im Jahre 1847 statt, als die Pedellen durch den Senat angewiesen wurden, die Studenten nachts aus den Kneipen zu werfen. Diese wählten daraufhin einen Ausschuss, der eine Adresse an den Senat schickte. Die Verfügung des Senats missachtend, hielten sich die Studenten auch weiterhin nachts in den Kneipen auf, was für diese aber keinerlei Konsequenzen hatte.[147] Im Jahre 1848 bestanden in Leipzig rund zehn burschenschaftliche Verbindungen, unter denen die Germania wohl als die angesehen werden kann, die antiprogressistisch agierte, ein Paukverhältnis mit den Corps unterhielt und im Bunde mit diesen die Erhaltung und Bewahrung der studentischen Sonderart gegen den Progress vertrat.[148]

V. Der Fall Karl Hase

Als prominentestes Beispiel für eine Untersuchung gegen einen Leipziger Burschenschafter soll hier der Fall des Studenten Karl Hase[149] angesprochen werden.

Karl Hase wurde im Herbst 1818 als Student der Rechtswissenschaft an der Universität Leipzig immatrikuliert, wechselte jedoch bald zur Philosophie und zur Theologie.[150] Im Frühjahr 1819 meldete er sich bei der Leipziger Burschenschaft und damit zu einer Zeit aktiv, als diese noch unbehelligt von den Behörden agieren konnte.[151] Bereits zu Gymnasialzeiten hatte sich Hase für die patriotische Bewegung begeistert und angesichts der 1815 durch die Wiener Schlussakte erfolgte Abtretung sächsischer Gebiete eine antipreußische Hal-

146 *Stoya / Noack*, Freie Musensöhne, S. 212.

147 *Heer*, Geschichte der Deutschen Burschenschaft – Die Zeit des Progresses, in: Quellen und Darstellungen zur Geschichte der Burschenschaft und der deutschen Einheitsbewegung, Bd. XI, S. 36.

148 *Bruchmüller*, Der Leipziger Student 1409–1909, S. 130; *Bruchmüller*, Das studentische Verbindungsleben der Universität Leipzig, hauptsächlich bis zur Mitte des 19. Jahrhunderts, in: Schriften des Vereins für die Geschichte Leipzigs, Bd. 11, S. 47.

149 Am 18. September 1883 in den sachsen-coburg und gothaer erblichen Adelsstand erhoben.

150 *Fläschendräger*, „Wir trugen vor aller Augen das schwarzrothgoldene Band". Karl August Hase in Leipzig, in: Studentische Burschenschaften und bürgerliche Umwälzung, S. 119.

151 UAL, Rektor (1409–1951), Rep. II/XVI/I Nr. 6, Bd. 1, Blatt 178.

tung bezogen. Seine Mitgliedschaft währte jedoch nicht lange, da er auf Druck seiner Verwandten offiziell wieder austreten musste. Jedoch hielt er weiterhin Kontakt zur Burschenschaft und lernte auch auf deren Fechtboden den Gebrauch des Schlägers. Seine burschenschaftliche Abstinenz dauerte auch nicht allzu lange. Bereits im Herbst 1819 wurde er wieder Mitglied der Burschenschaft und war bereit, in Anbetracht der gerade erlassenen Karlsbader Beschlüsse, alle Höhen und Tiefen mit ihr durchzustehen. Bezeichnend für Hase war, dass er, ohne die Grundsätze der Burschenschaft aufzugeben, doch stets ein freundschaftliches Verhältnis zu den Landsmannschaften unterhielt. So wurde er im Frühjahr 1820 in den Vorstand der Leipziger Burschenschaft gewählt und war dort für die auswärtigen Angelegenheiten zuständig.[152] Es verwundert deshalb auch nicht, dass der ins Leben gerufene Repräsentantenkonvent zwischen der Burschenschaft und den Landsmannschaften auf der Idee Hases beruhte.[153]

Da der geplante Burschentag des Jahres 1819 angesichts einer allgemeinen Verunsicherung in unmittelbarer Auswirkung der Karlsbader Beschlüsse und der beginnenden Verfolgung der Burschenschaften nicht stattfinden konnte, überlegte sich Hase, die einzelnen Burschenschaften auf eine andere Weise zu kontaktieren, als vormals geschehen. Deshalb begab er sich am 11. April 1820 auf eine Reise zu den süd- und westdeutschen Universitäten, um die dortigen Burschenschaften zu einem Burschentag im Herbst 1820 nach Dresden einzuladen. Von dieser Reise kehrte er am 21. Juni 1820 nach Leipzig zurück.[154] Wie bereits angesprochen blieb die Leipziger Burschenschaft zunächst von staatlicher Seite her unbehelligt. Jedoch war der Burschentag in Dresden und die Teilnahme Hases und anderer Leipziger Burschenschafter bekannt geworden und so kam es bereits am 15. Dezember 1820 dazu, dass der Universitätsaktuarius Mirus und zwei Pedellen das Burschenhaus aufsuchten. Dort fanden sie mit der Burschenzeitung und diversen Aushängen zu Veranstaltungen der Burschenschaft genügend belastendes Material, um Hase als vormaligen und

152 *Bruchmüller*, Karl Hases Rhein- und Lenzfahrt vom Jahre 1820, in: Quellen und Darstellungen zur Geschichte der Burschenschaft und der deutschen Einheitsbewegung, Bd. VIII, S. 154.

153 *Zurhellen*, Karl Hase, in: Quellen und Darstellungen zur Geschichte der Burschenschaft und der deutschen Einheitsbewegung, Bd. VII, Hundert Jahre Deutscher Burschenschaft – Burschenschaftliche Lebensläufe, S. 41.

154 *Bruchmüller*, Karl Hases Rhein- und Lenzfahrt vom Jahre 1820, in: Quellen und Darstellungen zur Geschichte der Burschenschaft und der deutschen Einheitsbewegung, Bd. VIII, S. 155.

Ferdinand Herbst[155] als damaligen Sprecher festzusetzen. Eine weitere Hausdurchsuchung erfolgte daraufhin bei Hase und Herbst, welche genügend belastendes Material zu Tage brachte, um Herbst und Hase in den Karzer im alten Paulinum zu verbringen.[156] Sogleich folgte die als altväterliche Überlieferung geltende Rechtsfiktion, dass jeder, der vor die Behörde zitiert wurde, eben dadurch aus der Verbindung entlassen wurde und nie Mitglied selbiger gewesen sei und dass die Wahrheitspflicht bei einem solchen Verhör strenge Grenzen habe. So hatten sich Herbst und Hase bereits, noch in Freiheit, über ihre Aussagen abgestimmt. Dass sie Vorsteher einer Verbindung waren, wollten sie nicht leugnen. Nach dem ersten Verhör und der Vorlage der Beweismittel entschied sich Hase deshalb, die Verbindung als harmlose Lesegesellschaft darzustellen. Dies schrieb er auch in einem Verhörbüchlein nieder, welches er Herbst zur Durchsicht gab. Auch wurden alle weiteren Mitglieder der „Lesegesellschaft", welche vor das Universitätsgericht geladen wurden, vorher eingehend instruiert, wodurch wunderbar einstimmige Aussagen zustande kamen. Als es zu Fragen über den Repräsentantenkonvent mit den Landsmannschaften kam, wurde dieser als sehr moralische Vereinigung zur Verhütung von Duellen dargestellt. Der Rektor glaubte dies alles, der Aktuarius lächelte nur.[157] Nach sieben Wochen Karzer und dauerhafter Vernehmungen wurden Hase und Herbst am 9. Februar 1821 wieder freigelassen.[158] Die Untersuchungen gingen zwar weiter fort, aber auch das Verbindungsleben wurde vorsichtig wieder aufgenommen.[159] Nach einigen Wochen fröhlichen Studentenlebens, trotz Stadtarrest und Untersuchungen, wurden Hase und weitere 30 Mann am 3. April 1821 vor das Konzilium gefordert, um ihnen das Urteil zu eröffnen. Der Großteil der Angeklagten wurde mit Karzer von drei Tagen bis zu vier Wochen oder mit einem Verweis belegt. Lediglich Herbst und Hase wurden wegen Teilnahme an unerlaubten Verbindungen mit dem consilium abeundi belegt, welches innerhalb von 24 Stunden befolgt werden

155 Ferdinand Ignaz Herbst (1798–1863), Theologe, 1834 o. Professor der Philosophie am Lyzeum in Freising, vgl. über ihn *Reusch*, Ferdinand Ignaz Herbst, in: ADB, Bd. XII, S. 48–50.

156 *Zurhellen*, Karl Hase, in: Quellen und Darstellungen zur Geschichte der Burschenschaft und der deutschen Einheitsbewegung, Bd. VII, Hundert Jahre Deutscher Burschenschaft – Burschenschaftliche Lebensläufe, S. 45; *Leonhardt*, Die älteste Leipziger Burschenschaft (1818–1833), S. 40 f.

157 *Hase*, Ideale und Irrtümer, 7. Aufl., S. 70.

158 *Leonhardt*, Die älteste Leipziger Burschenschaft (1818–1833), S. 42; andere nennen den 11. Februar 1820 als Entlassungsdatum, so *Bruchmüller*, Karl Hases Rhein- und Lenzfahrt vom Jahre 1820, in: Quellen und Darstellungen zur Geschichte der Burschenschaft und der deutschen Einheitsbewegung, Bd. VIII, S. 156.

159 *Hase*, Ideale und Irrtümer, 7. Aufl., S. 76.

musste.[160] Damit waren alle zufrieden, vor allem, weil die Burschenschaft unversehrt geblieben war. So verabschiedeten sich Herbst und Hase von ihren Brüdern und verließen Leipzig am nächsten Tag.[161] Hase hatte sowieso vor, noch an einem anderen Hochschulort zu studieren und so zog es ihn nach Erlangen, um dort sofort bei der Burschenschaft herzlich aufgenommen zu werden.[162]

160 UAL, Rektor (1409–1951), Rep. II/XVI/I Nr. 6, Bd. 1, Blatt 180.

161 *Hase*, Ideale und Irrtümer, 7. Aufl., S. 79.

162 UAL, Rektor (1409–1951), Rep. II/XVI/I Nr. 6, Bd. 1, Blatt 180.

E) Die Beseitigung der Karlsbader Beschlüsse

Die Entwicklungen um die Revolution in Deutschland im Jahre 1848 müssen wohl als maßgeblich für die Abschaffung der Karlsbader Beschlüsse angesehen werden. Dieses Jahr erschütterte das politische und soziale Gefüge in vielen Ländern Europas. Vor allem die nationale Frage (Bildung von Nationalstaaten), die politische Frage (Mitbestimmung und Modernisierung des politischen Systems) und die soziale Frage (Beseitigung der feudalen Agrarverfassung und Integrierung der Arbeiterschaft) waren Anliegen der Revolutionäre.[1] Im Gegensatz zu den Tumulten und Ausschreitungen in den großen Städten Preußens und Österreichs verlief die Revolution in Sachsen friedlicher, wenngleich es doch teilweise, vor allem gegen Ende der Revolution, zu gewaltsamen Auseinandersetzungen kam.

I. Entwicklungen bis zum Vorparlament

Kurz nach dem Beginn der Revolution in Südwestdeutschland verstärkte auch in Sachsen die Opposition ihren Druck auf die Regierung. Hierbei ging der Druck nicht vom Landtag aus, da sich dieser gerade in der Legislaturpause befand, sondern von den einzelnen Stadtparlamenten. So verabschiedete zum Beispiel die Leipziger Stadtverordnetenversammlung am 1. März 1848 eine Adresse an den sächsischen König Friedrich August II. (1797–1854), in der sie die Aufhebung der Ausnahmegesetze des Deutschen Bundes, Pressefreiheit und die Einrichtung eines nationalen Parlamentes beim Frankfurter Bundestag forderte. Diese Forderungen wurden vom sächsischen König zurückgewiesen und Militär in die Leipziger Umgebung geschickt. Dies war jedoch nur der Beginn des sogenannten „Adressensturms". Kurz darauf sandten weitere Stadtparlamente ihre Forderungen an den sächsischen König.[2] Der linke Flügel der Opposition unter Robert Blum, wozu sicherlich auch ein Teil der Burschenschaft gerechnet werden kann, forderte noch weitergehend den Rücktritt der konservativen Regierung, eine Wahlreform, parlamentarische Regierungsverantwortlichkeit und Volksbewaffnung. Die so unter Druck gesetzte Regierung konnte den Forderungen nicht lange standhalten und bekundete schnell die Gewährung von Pressefreiheit, die vorfristige Einberufung des Landtages

1 *Ludwig / Neemann*, Revolution in Sachsen 1848/49, 1. Aufl., S. 51; *Werner*, Kleine Geschichte der deutschen Revolution von 1848/49, S. 26.

2 *Engehausen*, Die Revolution von 1848/49, S. 31.

und die Auswechslung einzelner Minister.[3] Auch wurde durch Verordnung vom 15. April 1848 die Aufhebung der seit dem Jahre 1819 erlassenen Ausnahmegesetze, gemäß dem am 2. April 1848 gefassten Bundesbeschluss, bekannt gemacht:

> „Wir, Friedrich August, von Gottes Gnaden König von Sachsen verkünden hiermit, wie die deutsche Bundesversammlung in ihrer 27sten Sitzung vom 2ten April dieses Jahres den Beschluß gefaßt hat: 'daß, nachdem die seit dem Jahre 1819 erlassenen sogenannten Ausnahmegesetze des deutschen Bundes unter veränderten Umständen bereits allenthalben außer Wirksamkeit getreten, dieselben für sämmtliche Bundesstaaten aufgehoben, mithin als bereits völlig beseitigt zu betrachten, und wo es noch erforderlich befunden werden sollte, darüber die nöthigen Bekanntmachungen zu erlassen seien.'“[4]

Umso wichtiger war allerdings die im Zuge der Vereinsfreiheit gewährte Anerkennung sämtlicher studentischer Verbindungen, nachdem bereits Corps wie auch Burschenschaften Band und Mütze offen getragen hatten und als Verbindung offen auftraten.[5] Dies reichte der Burschenschaft jedoch nicht. Diese gerierte sich weniger als eine Verbindung, sondern mehr als eine demokratische Partei innerhalb der Studentenschaft, bezeichnete sich als „Progressisten“ und ordnete sich der politischen Linken zu.[6]

Um die aufgestaute Unzufriedenheit zu entladen, unternahm die Bevölkerung Aufstände und Tumulte, vor allem in Fabrikorten des Erzgebirges und der Oberlausitz sowie auf den Rittergütern. In den Städten wurden diese Ausschreitungen, durch die Hilfe von Kommunalgarden und Bürgerwehren, erstickt. Vor allem durch den Einsatz von Gewalt fühlten sich zunehmend viele Liberale in den erkämpften Freiheiten und Zugeständnissen bedroht. Nachdem es, vor allem auf den Rittergütern, zu Veränderungen gekommen war, endete dieser erste spontane Ausbruch der Revolution Ende März 1848.[7]

Ausschlaggebend für die schnelle Beendigung dieser ersten Unruhen war die Einsetzung einer neuen Regierung am 16. März 1848 unter der Leitung des liberalen Regierungschefs und Justizministers Alexander Karl Herrmann Braun.[8] Zusammen mit den Liberalen Robert Georgi[9] als Finanzminister und

---

3 *Weber*, Die Revolution in Sachsen 1848/49, S. 16.

4 Verordnung vom 15. April 1848, Gesetz- und Verordnungsblatt für das Königreich Sachsen vom Jahre 1848, S. 49.

5 *Benecke / Heine*, Geschichte des Corps Saxonia zu Leipzig, S. 94.

6 Eine übertriebene und abwertende Darstellung in *Benecke / Heine*, Geschichte des Corps Saxonia zu Leipzig, S. 95.

7 *Ludwig / Neemann*, Revolution in Sachsen 1848/49, 1. Aufl., S. 52 f.

8 1807–1868, sächsischer Jurist und liberaler Politiker, vgl. über ihn *Biedermann*, Karl Braun (1807–1868): Leben und Werk.

Gotthardt Oberländer[10] als Innenminister stellten sie ein starkes Gegengewicht zu den Konservativen Ludwig Karl Heinrich von der Pfordten[11] als Kultus- und Außenminister und Albrecht Stellanus von Holtzendorff[12] als Kriegsminister dar.[13] Die Spannungen dieser gegensätzlichen Kräfte bildeten sich jedoch erst im Laufe der Revolution aus. Diese liberal-konservative Regierung arbeitete noch am 16. März 1848 ein gemäßigt-liberales Regierungsprogramm aus, wonach das Militär auf die Verfassung von 1831 vereidigt, die Zensur aufgehoben und ein Pressegesetz verabschiedet, das Gerichtswesen und Wahlgesetz reformiert und die Vereinigungsfreiheit garantiert werden sollte. Dieses Programm wurde, unter kooperativer Zusammenarbeit mit dem Landtag, in den nächsten Wochen umgesetzt. Die Liberalen, die nun Großteile ihrer Ziele verwirklicht sahen, erachteten die aufkeimenden gewaltsamen Unruhen als Störfaktor und ließen das Militär einschreiten, um diese Gewaltakte zu unterdrücken. Zunehmend wurden die Demokraten jedoch vom Kurs der Regierung enttäuscht, weil diese doch mehr Kompromissbereitschaft mit dem Adel und dem König zeigte und somit die demokratischen Bestrebungen nach Volkssouveränität mehr und mehr aufgab. Der Konflikt innerhalb der Regierung trat nun schärfer zu Tage und sorgte dafür, dass diese nur noch einen geringen Rückhalt in der Bevölkerung hatte.[14]

II. Die Frankfurter Nationalversammlung

Die Revolutionäre forderten bereits zu Beginn die Einberufung einer Nationalversammlung. So trafen sich bereits am 5. März 1848 51 Demokraten und Liberale in Heidelberg und entschieden, dass eine Versammlung von Vertrauensleuten aller deutschen Volksstämme stattfinden solle. Dieses Vorparlament tagte vom 31. März bis 3. April 1848 in der Frankfurter Paulskirche und beschloss die Durchführung von Wahlen für eine deutsche Nationalversammlung. In Sachsen wurde demnach in 24 Wahlkreisen je ein Abgeordneter gewählt. Wählbar waren Männer, die mindestens das 21. Lebensjahr vollendet hatten. Ausgeschlossen waren Frauen, Gesinde, Handwerksgesellen, Fürsorgeempfänger und Personen ohne sächsische Staatsangehörigkeit. 585 Abgeord-

---

9 1802–1869, deutscher Unternehmer und Politiker.

10 1801–1868, deutscher Jurist und Politiker.

11 1811–1880, bayerischer und sächsischer Rechtswissenschaftler und Politiker.

12 1792–1882, königlich-sächsischer General der Infanterie und Kriegsminister.

13 *Weber*, Die Revolution in Sachsen 1848/49, S. 19.

14 *Ludwig / Neemann*, Revolution in Sachsen 1848/49, 1. Aufl., S. 54; *Engehausen*, Die Revolution von 1848/49, S. 32.

nete bildeten die Frankfurter Nationalversammlung, wobei aufgrund etlicher Nachrücker insgesamt rund 800 Personen an den Versammlungen teilnahmen.[15] Entgegen der Auffassung, dass es sich bei der Nationalversammlung um ein Professorenparlament handelte – der Anteil lag lediglich bei 5 % – war es doch ein Gelehrtenparlament, weil die Mehrheit der Abgeordneten einen Hochschulabschluss vorweisen konnte.[16]

Bereits am 18. Mai 1848 nahm die Nationalversammlung in der Frankfurter Paulskirche ihre Arbeit auf. Als eine der wichtigsten Aufgaben kann die Ausarbeitung einer Verfassung erachtet werden, die die einzelnen deutschen Staaten zu einem einzigen Bundesstaat zusammenfassen sollte. Schnell bildeten sich Fraktionen heraus, die ihren Namen nach den Tagungsorten ihrer Gruppen benannten. Die Mehrheit der sächsischen Abgeordneten ordnete sich der linken Fraktion zu, welche sich im Deutschen Hof traf. Als Leipziger Vertreter hatte Robert Blum eine führende Rolle in der linken Parlamentsfraktion inne.

Oberste Aufgabe war die Schaffung eines einheitlichen deutschen Territoriums. Dieser Punkt beinhaltete besonderes Konfliktpotential, weil vor allem die Einbeziehung des Kaisertums Österreich im Zuge einer Großdeutschen Lösung die Probleme des Vielvölkerstaates mit in das Deutsche Reich gebracht hätte. Maßgeblich auf der Tagesordnung stand aber auch die Ausarbeitung von Grundrechten, die die Freiheit der Person, die Presse-, Versammlungs-, Meinungs- und Wissenschaftsfreiheit regeln sollten und im Dezember 1848 als Gesetz verabschiedet wurden. Im März 1849 verabschiedete das Parlament eine Reichsverfassung, welche zwar nie zur Anwendung kam, aber Grundsteine für das Grundgesetz der Bundesrepublik Deutschland legte.

Zuvor hatte die Nationalversammlung bereits eine Zentralgewalt geschaffen. Am 11. Juli 1848 wurde der österreichische Erzherzog Johann (1782–1859) zum Reichsverweser bestellt und ihm eine aus mehreren Ministerien bestehende Reichsregierung, die in ihrer Kompetenz jedoch gegenüber den Einzelstaaten sehr schwach war, unterstellt.[17]

Maßgeblich für das Leben an den Universitäten war die formelle Aufhebung der Karlsbader Beschlüsse durch die Nationalversammlung im Sommer 1848.[18] Bereits am 3. März 1848 hatte der Bundestag die Einzelstaaten er-

15 Darunter 163 Burschenschafter, wovon 15 aus Leipzig stammten.

16 *Werner*, Kleine Geschichte der deutschen Revolution von 1848/49, S. 70 f.

17 *Ludwig / Neemann*, Revolution in Sachsen 1848/49, 1. Aufl., S. 55; *Werner*, Kleine Geschichte der deutschen Revolution von 1848/49, S. 79.

18 *Engehausen*, Die Revolution von 1848/49, S. 264.

mächtigt, abweichend von den Karlsbader Beschlüssen die Pressefreiheit zu gewähren. Weiterhin wurden die Farben schwarz-rot-gold der politisch verfolgten Burschenschaft durch Beschluss des Bundestages zu den Bundesfarben erklärt.[19]

III. Entwicklungen in Sachsen

Parallel zur Nationalversammlung traten auch in Sachsen erstmalig nach dem Ausbruch der Revolution beide Kammern des sächsischen Landtages zusammen. Da lediglich die Regierung umgestaltet wurde und Neuwahlen in der Kürze der Zeit nicht möglich waren, setzte sich der Landtag aus gemäßigten Konservativen und Liberalen zusammen. Die Linken bildeten die Minderheit, forderten jedoch vehement die Abschaffung der vom Adel dominierten ersten Kammer und somit ein Einkammersystem. Zwar kam diese Forderung nicht zum Tragen, jedoch erreichten die Linken maßgebliche Ziele, wozu sicherlich das provisorische Wahlgesetz vom 15. November 1848 zählt, welche der zweiten Kammer ein numerisches Übergewicht über die erste Kammer gab und die Hürden für Wahlberechtigung und Wählbarkeit senkte. So wurde zwar die Unselbstständigkeit weiterhin als Ausschlusskriterium für die Wahl angesehen, wurde aber über den Kreis der nicht wahlberechtigten Entmündigten, Almosenempfänger oder Bankrotteure nicht weiter definiert. Die erste Kammer wurde zur Vertretung der Privilegierten und somit der besitzenden Schicht. Alle Grundbesitzer erhielten das aktive Wahlrecht, während das passive an einen moderaten Zensus geknüpft war.[20] Dieses Wahlgesetz wurde zum demokratischsten Wahlgesetz im damaligen Deutschland und ermöglichte starke Gewinne der Demokraten bei der Landtagswahl im Dezember 1848. Zusammen mit der Reform des Wahlrechts ergingen auch grundlegende Änderungen der Presse-, Vereins- und Versammlungsgesetze.[21] Am 15. April 1848 wurde das Verbindungsverbot offiziell von der sächsischen Regierung unter der Maßgabe aufgehoben, dass ihnen keine universitätsfremden Personen angehören dürfen.[22]

---

19 *Engehausen*, Die Revolution von 1848/49, S. 72; *Botzenhart*, 1848/49: Europa im Umbruch, S. 77.

20 *Engehausen*, Die Revolution von 1848/49, S. 165.

21 *Engehausen*, Die Revolution von 1848/49, S. 166; *Müller*, Die Revolution von 1848/49, 2. Aufl., S. 109.

22 *Hoyer*, Kleine Geschichte der Leipziger Studentenschaft 1409–1989, S. 123; *Rathmann*, alma mater lipsiensis, S. 178.

Dieser Linksruck sorgte für große Spannungen mit dem gemäßigt-liberalen Kabinett und der konservativen Staatsspitze. Regierung und Parlament waren von nun an in vielen Dingen uneins. Ihrer parlamentarischen Grundlage beraubt trat die Regierung Braun/von der Pfordten im Februar 1849 zurück. Die Nachfolgeregierung unter Held[23] stimmte zwar den von der Nationalversammlung beschlossenen Grundrechten zu, lehnte aber die deutsche Reichsverfassung ab. Der Landtag verweigerte der Regierung daraufhin das Budget und sprach ihr am 23. April 1849 sein Misstrauen aus. Diesen Konflikt wollte der König am 30. April 1849 mit der Auflösung des Landtages lösen, wodurch es unmittelbar zum Maiaufstand kam.[24]

IV. Der Maiaufstand

Die gewollte Durchsetzung der Frankfurter Reichsverfassung führte in Dresden zu gewaltsamen Barrikadenkämpfen. Da die Regierung und der König die zuvor vom Landtag mit überwältigender Mehrheit angenommene Reichsverfassung nicht akzeptierten, blieb den Verfassungsbefürwortern nur noch das außerparlamentarische Mittel der Artikulation. Zunächst kam es, wie bereits im März 1848, zu Adressen und Petitionen an den König. Auch wurden von vielen Städten Delegationen nach Dresden entsandt, so auch am 4. März 1849 eine Deputation der Stadt Leipzig, welche jedoch schroff abgewiesen wurde.[25] Nachdem auch mehrere Minister von der Verfassung überzeugt wurden, der König sich der Anerkennung trotzdem verweigerte, traten drei von fünf Ministern zurück. Als am 3. Mai 1849 auch noch Mitglieder der Dresdner Kommunalgarde in Verbindung mit Mitgliedern anderer Gesellschaftsschichten, trotz königlichen Verbotes, für die Verfassung demonstrierten, geriet die Menge außer Kontrolle. Das Militär feuerte vor dem Dresdner Zeughaus auf die Demonstranten, wodurch sich ein Barrikadenkampf zwischen Bevölkerung und Militär entwickelte. Der König und die verbliebenen Mitglieder der Regierung flohen in der Nacht vom 3. auf den 4. Mai 1849 auf die Festung Königstein. Im Dresdner Rathaus wurde von Führern der Demokraten und

---

23 Gustav Friedrich Held (1804–1857), deutscher Jurist und Vorsitzender des Gesamtministeriums 1849.

24 *Ludwig / Neemann*, Revolution in Sachsen 1848/49, 1. Aufl., S. 77; *Engehausen*, Die Revolution von 1848/49, S. 166; *Müller*, Die Revolution von 1848/49, 2. Aufl., S. 135.

25 *Hoyer*, Kleine Geschichte der Leipziger Studentenschaft 1409–1989, S. 122.

Organisatoren der Demonstrationen eine provisorische Regierung ausgerufen, welche die Reichsverfassung akzeptierte.[26]

Unmittelbar nach dem Ausbruch der Kämpfe bat der sächsische König in Preußen um militärische Hilfe. Die tief verwurzelte Abneigung gegen Preußen überwand der sächsische König, angesichts der politischen Lage und der militärischen Macht Preußens, jedoch. Parallel dazu entsandten mehrere Städte ihre Kommunalgarden nach Dresden, um der revolutionären Regierung behilflich zu sein. Bereits am Abend des 4. Mai 1849 kehrten die Minister Beust[27] und Rabenhorst[28] nach Dresden zurück. Durch das Bestehen zweier Regierungen führten nun beide Seiten – das königtreue Militär und die Revolutionäre – ihre Barrikadenkämpfe mit besonderer Erbitterung weiter. Auch aus Leipzig fuhr am 4./5. Mai 1849 „ein Häuflein Bewaffneter", zumeist Studenten, unter der Führung des Leipziger Burschenschafters Ferdinand Goetz[29], nach Dresden.[30] Nach dem Eintreffen der preußischen Truppen am 5. Mai 1849 und einem zähen Kampf Haus um Haus zogen sich die revolutionären Truppen am 9. Mai 1849 geordnet zurück. Viele konnten aus dem eingekesselten Dresden fliehen, andere wurden festgenommen. Insgesamt wurden bei den Kämpfen 30 Soldaten getötet und 100 verwundet. Auf der Seite der Revolutionäre kam es im Vergleich dazu zu ca. 250 Toten und 400 Verwundeten.[31] Anders als in Wien und Baden fanden jedoch weniger standrechtliche Erschießungen statt.[32] Die Verfolgung der Teilnehmer des Aufstandes behielten sich die Zivil- und Strafbehörden vor.[33]

---

26 *Ludwig / Neemann*, Revolution in Sachsen 1848/49, 1. Aufl., S. 139; *Engehausen*, Die Revolution von 1848/49, S. 233; *Müller*, Die Revolution von 1848/49, 2. Aufl., S. 136.

27 Friedrich Ferdinand von Beust (1809–1886), sächsischer und österreichischer Staatsmann, ab 1849 Außenminister und 1858–1866 Vorsitzender des Gesamtministeriums im Königreich Sachsen.

28 Bernhard von Rabenhorst (1801–1873), sächsischer General, 1849 sächsischer Kriegsminister.

29 1826–1915, Vorstandvorsitzender der deutschen Turnerschaft, Abgeordneter des norddeutschen Reichstages und des Deutschen Reichstages.

30 *Stoya / Noack*, Freie Musensöhne, S. 228.

31 *Müller*, Die Revolution von 1848/49, 2. Aufl., S. 136; *Engehausen*, Die Revolution von 1848/49, S. 234.

32 Anders *Engehausen*, Die Revolution von 1848/49, S. 234, welcher von weit verbreiteten Standgerichten und Misshandlungen spricht. Ebenso *Jäger*, Die Erinnerungen des Buchhändlers Ludwig Schreck, in: Laß Recht und Freiheit nicht verderben, S. 92.

33 *Ludwig / Neemann*, Revolution in Sachsen 1848/49, 1. Aufl., S. 139 f.

V. Das Ende der Revolution

Nach der Niederschlagung der Aufstände während der Dresdner Maiunruhen erlosch die revolutionäre Bewegung der sächsischen Linken schnell. Die Nationalversammlung löste sich im Mai 1849 durch den Rückruf der Entsandten der einzelnen Staaten und die Ablehnung der Kaiserkrone durch den preußischen König Friedrich Wilhelm IV. am 28. April 1849 förmlich auf.[34] Nach dem Rücktritt mehrerer liberaler Abgeordneter, verlegte das nun von Linken beherrschte Rumpfparlament seinen Sitz nach Stuttgart, wurde dort jedoch am 18. Juni 1849 von württembergischem Militär aufgelöst.[35] Die rechtlichen Errungenschaften der Revolutionszeit wurden wiederum eingeschränkt oder zurückgenommen. Vor allem in Sachsen wurden die Revolutionäre strafrechtlich verfolgt und mussten langwierige Untersuchungen und Inhaftierungen über sich ergehen lassen. Die Versammlungs- und Vereinigungsfreiheit wurde stark eingeschränkt. Wie bereits in den letzten Jahrzehnten legte sich über das öffentliche Leben der Schatten eines Netzes aus Spitzeln und Informanten.[36] Insgesamt wurden 6.000 vermeintliche Revolutionäre von der sächsischen Justiz angeklagt. Viele konnten sich durch Flucht der Verurteilung entziehen. Letztlich wurden jedoch rund 700 Beteiligte zu Zuchthausstrafen verurteilt.[37]

Trotz der Niederlage der Revolution konnten sich die einzelnen Regierungen gewissen Neuerungen nicht verschließen. So initiierte die preußische Regierung mit der „Union“ einen Staatenbund, dem sämtliche deutsche Staaten außer Österreich beitreten sollten. Dadurch wurde im Sommer 1849 der von der Paulskirchenversammlung geforderte nationale Einigungsprozess vorangetrieben. Sachsen stand zwar außenpolitisch näher an Österreich, musste dieser „Union“ jedoch aufgrund der militärischen Hilfe Preußens bei der Niederschlagung der Aufstände beitreten (Dreikönigsbündnis). Dies hielt jedoch nicht lang, da Sachsen bereits Ende 1849 wieder aus der „Union“ austrat.[38]

Bereits 1849 kam es zu Neuwahlen in Sachsen, welche nach dem 1848 verabschiedeten neuen demokratischen Wahlrecht stattfanden. Bei den Herbstwahlen 1849 erreichten die Liberalen eine schwache Mehrheit und die gemäßigten

---

34 *Engehausen*, Die Revolution von 1848/49, S. 224.

35 *Balder*, Geschichte der Deutschen Burschenschaft, S. 39.

36 *Ludwig / Neemann*, Revolution in Sachsen 1848/49, 1. Aufl., S. 150.

37 *Engehausen*, Die Revolution von 1848/49, S. 234 f.

38 *Ludwig / Neemann*, Revolution in Sachsen 1848/49, 1. Aufl., S. 150.

Demokraten eine starke Minderheit. Trotz der inneren Zerstrittenheit dieser Gruppen setzten sie die Regierung stark unter Druck. So forderten die Demokraten die Fortgeltung der beschlossenen Grundrechte und die preußenfreundlichen Liberalen den Verbleib in der „Union“. Im Juni 1850 löste die sächsische Regierung den Landtag durch einen Staatsstreich wiederum auf und setzte den vorrevolutionären Ständelandtag ein, was einem Verfassungsbruch gleichkam. Die Universität Leipzig protestierte dagegen, was zur Amtsenthebung dreier Professoren führte. Durch diese Handlung wurden in Sachsen die wichtigsten verfassungsrechtlichen Ergebnisse der Revolutionszeit beseitigt.[39] Der nach altem Recht am 15. Juli 1850 wieder zusammengetretene Landtag wurde zum willigen Werkzeug der Regierung bei der Durchführung der rückwärtsgewandten Innenpolitik.[40]

Auch in Bezug auf die deutsche Frage wurde mit dem Weiterbestehen des Deutschen Bundes der Zustand wie vor der Revolution von 1848 wieder hergestellt. Im Hinblick auf die Einigung Deutschlands im Sinne der bürgerlichen Nationalbewegung wurde diese erst 1867 mit der Gründung des Norddeutschen Bundes, vollends jedoch erst 1871 mit der Reichsgründung, erfüllt. Die demokratischen Bestrebungen der Revolutionäre und die studentischen Progressideen blieben im Großen und Ganzen somit unerfüllt.[41]

39 *Neemann*, Gesellschaftlicher Aufbruch und politische Radikalisierung, in: Laß Recht und Freiheit nicht verderben, S. 30.

40 *Botzenhart*, 1848/49: Europa im Umbruch, S. 234.

41 *Ludwig / Neemann*, Revolution in Sachsen 1848/49, 1. Aufl., S. 151; *Balder*, Geschichte der Deutschen Burschenschaft, S. 39.

F) Zusammenfassung

Zusammenfassend kann ausgeführt werden, dass die Karlsbader Beschlüsse auf rechtswidrigem Wege zustande gekommene Gesetze waren, die das Zusammenspiel der staatlichen Behörden regelten und die Freiheiten der Studenten und Professoren an den deutschen Universitäten einschränkten.[1] Dass die Intensität der Durchführung in Sachsen, im Vergleich zu anderen Mitgliedsstaaten des Deutschen Bundes[2], relativ gering war, ändert nichts an der Verwerflichkeit des Handelns der Verantwortlichen. Mühselig und unangebracht wäre an dieser Stelle die Diskussion von *Faber*, welcher die Karlsbader Beschlüsse zu rechtfertigen versucht, indem er der Burschenschaft vorwirft, eine revolutionäre Partei gewesen zu sein, welche Ziele verfolgte, die Gesellschaft umzuschmelzen, die politischen Unterschiede, welche zwischen Deutschlands Völkern bestanden, aufzuheben, die wirkliche Einheit Deutschlands an die Stelle der Bundesglieder zu setzen und durch die Beseitigung der gegenwärtigen Ordnung eine neue Ordnung zu schaffen, wie es große Teile der Burschenschaft gewollt haben sollen.[3]

Ebenso realitätsfern sieht es *Marcuse*, welcher in der Burschenschaft den Vorläufer der faschistischen Volksgemeinschaft zu erkennen glaubt. Demnach strebte die Burschenschaft nach Freiheit, die einzig das althergebrachte Recht der germanischen Rasse sein sollte, und Gleichheit, die allgemeine Armut und Entsagung bedeutete. Die Burschenschaft propagiere Hass gegen Franzosen, Juden, Katholiken und Adlige. Sie „[...] schrie nach einem wahrhaft 'deutschen Krieg' [...]“ und verlangte „[...] nach einem Retter, der die deutsche Einheit herbeiführen sollte [...]“. Diese Merkmale sollten die Burschenschaft nahe dem Nationalsozialismus stellen.[4] Dass die burschenschaftliche Bewegung mehr als hundert Jahre vorher ihren Ursprung hatte und auf Mitbestimmung und Demokratie ausgerichtet war, verkennt *Marcuse* grundlegend. Auch die sonstigen Faktoren, die einen demokratischen Rechtsstaat zur Folge haben sollten, verdreht er in einer eine gesamte Generation herabwürdigenden Weise.

---

1 *Brümmer*, Die staatsrechtliche und hochschulpolitische Funktion der außerordentlichen Regierungsbevollmächtigten 1819–1848, besonders an der Universität Halle-Wittenberg, in: Studentische Burschenschaften und bürgerliche Umwälzung, S. 107.

2 So zum Beispiel in Preußen. Genauer dazu *Brümmer*, Staat kontra Universität.

3 *Faber*, Student und Politik in der ersten deutschen Burschenschaft, in: GWU 21 (1970), S. 78.

4 *Marcuse*, Vernunft und Revolution, 1. Aufl., S. 162 f.

Vielmehr sind die Burschenschaft und die Personen – Studenten, Professoren und Sympathisanten – welche sich um sie scharrten, als Jugendbewegung zu sehen, welche sich nach den Erlebnissen der Napoleonischen Kriege gründete und sich danach politisch entwickelte. Wie in dieser Arbeit ausgeführt, wurde in keiner Weise von breiten Teilen der Burschenschaft eine Aufhebung der gesellschaftlichen und staatlichen Zustände gefordert. Selbst die Forderung nach einer Republik und Demokratie waren Auswüchse der allgemeinen Entwicklung in der Bevölkerung im Zuge der gesamteuropäischen Revolutionen von 1830 und 1848/49. Wie gezeigt, befand sich die Burschenschaft oft auf der Seite der staatstragenden Parteien und lies sich vom Staat für die Erhaltung der etablierten Regierungen instrumentalisieren, was nicht zuletzt an der Überzeugungskraft einzelner, vor allem auch von Rektor und Senat, und der Treue der Studenten zur Universität lag. Somit kann hier dahingestellt bleiben, ob man die Karlsbader Beschlüsse mit obiger Begründung rechtfertigen kann. Eine Rechtfertigung für solch tiefgreifende Eingriffe in die Persönlichkeits- und Freiheitsrechte der Menschen ist den Systemen bis zur heutigen Zeit fremd.

Zwischen 1822 und 1847 wurde gegen 684 Studenten[5] an der Universität Leipzig ein Untersuchungsverfahren wegen Teilnahme an burschenschaftlichen Verbindungen durchgeführt. Die Untersuchungsverfahren endeten teilweise mit der Einstellung wegen Mangels an Beweisen, aber oft mit Karzerstrafen oder sogar mit dem consilium abeundi (auch auf begrenzte Zeit) beziehungsweise der Relegation, dies vor allem im Zeitraum von 1844 – 1847.[6] Die Auswüchse, die diese Untersuchungen und Verfahren im Gebiet des gesamten Deutschen Bundes hatten, erstrecken sich somit in die Tausende.

Den abwegigen Vergleich zwischen Burschenschaften und Nationalsozialismus, den *Marcuse* in seinem Werk anführt, kann man jedoch anderweitig anwenden. Nach Jahren der Spaltung, Zielsuche und Versuchen durch die nationalsozialistische Führung, die Deutsche Burschenschaft zu unterwandern, führte das zwangsweise Abkommen zwischen der Deutschen Burschenschaft und dem Nationalsozialistischen Deutschen Studentenbund (NSDStB) am 5. Oktober 1935 (Plauener Abkommen) zur Auflösung der Deutschen Burschenschaft und zwang diese im Gegenzug zur Umwandlung ihrer Korporationen in „Kameradschaften" des NSDStB. Damit sollten die Burschenschaften,

---

5 Wenn man von noch erhaltenem Aktenmaterial ausgeht.

6 Beispielhaft Verzeichnis der seit dem Jahre 1822 wegen Teilnahme an burschenschaftlichen Verbindungen in Untersuchung gekommenen Studierenden an der Universität Leipzig, SächsHStA Dresden, MKU, 10072, S. 4–45.

wie auch Korporationen anderer Verbände[7] nach vorheriger Prüfung über die Zuverlässigkeit als Kameradschaften des NSDStB übernommen werden. Diese Zwangseingliederung der Deutschen Burschenschaft in den NSDStB erfolgte am 18. Oktober 1935 auf der Wartburg und kam somit einer Zwangsauflösung gleich.[8] Diese wäre, aufgrund der Konflikte zwischen Hitlerjugend (HJ), NSDStB und DB[9], früher oder später wohl sowieso denkbar gewesen und hätte, gleich den Karlsbader Beschlüssen, zum Verbot studentischer Korporationen geführt. Somit wäre der Vergleich zwischen den nationalsozialistischen Anstrengungen zur Eingliederung der Korporationen und den Karlsbader Beschlüssen, in Bezug auf das Leben an den Universitäten und die Existenz autonom verwalteter Verbindungen, wohl gelungener.

Hieran lässt sich erkennen, dass überall dort, wo diktatorische Systeme existierten – seien es die absolutistisch geprägten Staaten des Deutschen Bundes, das Dritte Reich oder die Deutsche Demokratische Republik – die Freiheit des einzelnen und der Vereinigungen, zum Nachteil des Individuums, eingeschränkt werden und der Staat durch Verbote seine eigene Unfähigkeit zu kompensieren versucht. Ein Leben in Freiheit, die die Freiheit anderer nicht einschränkt, ist eben nur dort möglich, wo ein selbstbewusstes System und eine wehrhafte Demokratie in der Lage sind, Strömungen, die das System verändern wollen, zu akzeptieren und Gegenströmungen zu entwickeln, um somit eine andere Perspektive aufzuzeigen.[10] Was sich dann daraus entwickelt und ob dies angenommen wird, bleibt wie immer dem einzelnen Souverän überlassen.

---

7 Folgende Verbände lösten sich fast zeitgleich auf: 20.10.1935 Deutsche Landsmannschaft, 20.10.1935 Deutsche Sängerschaft, 28.10.1935 Cartellverband der farbentragenden katholischen Studenten.

8 *Brunck*, Die Deutsche Burschenschaft in der Weimarer Republik und im Nationalsozialismus, S. 344. Fälschlich *Balder*, Geschichte der Deutschen Burschenschaft, S. 301, welcher eine direkte Zwangsauflösung der Deutschen Burschenschaft nennt.

9 M.w.N. *Brunck*, Die Deutsche Burschenschaft in der Weimarer Republik und im Nationalsozialismus, S. 330 ff.

10 In Bezug auf den Deutschen Bund *Diesterweg*, Die Lebensfrage der Civilisation, S. 23.

ANHANG

Anlagen

Anlage 1: Bestellung einer Zentralbehörde zur nähern Untersuchung der in mehreren Bundesstaaten entdeckten revolutionären Umtriebe[1]

Art. 1. Innerhalb vierzehn Tagen, von der Fassung gegenwärtigen Beschlusses an zu rechnen, versammelt sich in der Stadt und Bundesfestung Mainz eine aus sieben Mitgliedern, mit Einschluß eines Vorsitzenden, zusammengesetzte, außerordentliche, von dem Bunde ausgehende Zentraluntersuchungskommission.

Art. 2. Der Zweck dieser Commission ist gemeinschaftliche, möglichst gründliche und umfassende Untersuchung und Feststellung des Tatbestandes, des Ursprungs und der mannigfachen Verzweigungen der gegen die bestehende Verfassung und innere Ruhe, sowohl des ganzen Bundes, als einzelner Bundesstaaten, gerichteten revolutionären Umtriebe und demagogischen Verbindungen, von welchen nähere oder entferntere Indizien bereits vorliegen, oder sich in dem Laufe der Untersuchung ergeben möchten.

Art. 3. Die Bundesversammlung wählt durch Mehrheit der Stimmen der engern Versammlung die sieben Bundesglieder, welche die Zentraluntersuchungskommissarien zu ernennen haben.

Den Vorsitzenden bestimmen die sieben von den Bundesgliedern ernannten Kommissarien, nach ihrer Konstituierung als Zentraluntersuchungskommission durch Wahl aus ihrer Mitte.

Art. 4. Zu Mitgliedern der Zentraluntersuchungskommission können nur Staatsdiener ernannt werden, welche in dem Staate, der sie ernennt, in richterlichen Verhältnissen stehen, oder gestanden, oder wichtige Untersuchungen instruiert haben.

Jedem Kommissarius wird ein auf das Protokoll verpflichteter Aktuarius oder Sekretär von seiner Regierung beigegeben, welche zusammen das Kanzleipersonal bilden.

---

1 Bestellung einer Zentralbehörde zur nähern Untersuchung der in mehreren Bundesstaaten entdeckten revolutionären Umtriebe, in: Aus der Zeit der Demagogenverfolgung, S. 44 ff.; *von Meyer*, Staats-Acten für Geschichte und öffentliches Recht des Deutschen Bundes, 2. Aufl., S. 143 f.

Der Vorsitzende verteilt die zu erledigenden Geschäfte unter die einzelnen Mitglieder.

Beschlüsse werden auf vorgängigen Vortrag nach Stimmenmehrheit gefaßt.

Art. 5. Um ihren Zweck zu erreichen, wird die Zentraluntersuchungskommission die Oberleitung der in verschiedenen Bundesstaaten teils schon angefangenen, teils vielleicht noch anzufangenden Lokaluntersuchungen übernehmen.

Die Behörden, welche dergleichen Untersuchungen bisher geführt haben, oder künftig führen werden, sind von ihren Regierungen anzuweisen, die bei ihnen verhandelten Akten in möglichst kürzester Zeit an die Zentraluntersuchungskommission entweder in Urschrift oder in Abschrift einzusenden, den von der besagten Bundeskommission an sie gelangenden Requisitionen schleunigst und vollständigst zu willfahren, in Gemäßheit derselben die erforderlichen Untersuchungen mit möglichster Genauigkeit und Beschleunigung vorzunehmen oder fortzusetzen, und mit Verhaftung der inkulpierten Personen vorzuschreiten.

Neue, zu Entdeckungen führende Spuren sind die Lokalbehörden auch ohne vorläufige Anfrage bei der Zentraluntersuchungskommission unverzüglich zu verfolgen, jedoch zugleich der letztern davon Kenntnis zu geben verpflichtet.

Überhaupt werden die Lokalbehörden von ihren obersten Landesbehörden angewiesen werden, sowohl mit der Zentralbundeskommission als unter sich, in fortgesetzter Kommunikation zu bleiben, und sich gegenseitig in Beziehung auf den Art. 2 der Bundesakte zu unterstützen.

Art. 6. Sämtliche Bundesglieder, in deren Gebiet bereits Untersuchungen eingeleitet sind, verpflichten sich, der Zentraluntersuchungskommission unmittelbar nach ihrer Konstituierung die Lokalbehörden oder Kommissionen, welchen sie die Untersuchung anvertraut haben, anzuzeigen.

Die Bundesglieder, in deren Staaten Untersuchungen dieser Art noch nicht eingeleitet sind, jedoch aber noch nötig werden sollten, sind verbunden, auf das dieser wegen von der Zentraluntersuchungskommission an sie gelangende Ansinnen, sogleich die Untersuchung vornehmen zu lassen, und der Zentralkommission die Behörde namhaft zu machen, welcher sie hierzu den Auftrag erteilen.

Art. 7. Die Zentralbundeskommission ist berechtigt, wenn sie es nötig findet, ein oder das andere Individuum selbst zu vernehmen. Sie wird sich um Sistierung derselben an die obersten Staatsbehörden der Bundesglieder oder an die ihr, vermöge Art. 6, bekannt gemachten Behörden wenden. Bei, von der Zentralkommission anerkannter, unumgänglicher Notwendigkeit sind dergleichen Personen auf die, erwähnter Maßen an die obersten Staats- oder bereits designierten Lokalbehörden gerichtete Requisition der Zentralkommission zu verhaften und unter sicherer Bedeckung nach Mainz abzuführen.

Art. 8. Zu sicherer Verwahrung der an den Sitz der Commission zu transportierenden Individuen sollen die erforderlichen Anstalten getroffen werden.

Die Kosten der Commission, so wie der Untersuchung selbst, sind von dem Bunde zu tragen.

Art. 9. Auf gegenwärtigen Bundesbeschluß wird die Zentraluntersuchungskommission anstatt besonderer Instruktion verwiesen.

In allen Fällen, wo sich Anstände ergeben, oder überhaupt die Zentraluntersuchungskommission weitere Verhaltungsbefehle einzuholen, in den Fall kommen sollte, hat dieselbe an die Bundesversammlung zu berichten, welche zur Einleitung der Beschlußnahme und Vortrag über solche Anfragen eine Kommission von drei Mitgliedern aus ihrer Mitte ernennen wird.

Art. 10. Eben so ist über die Resultate der möglichst zu beschleunigenden Untersuchung von der Zentraluntersuchungskommission Bericht an die Bundesversammlung von Zeit zu Zeit zu erstatten.

Die Bundesversammlung wird nach Maßgabe der, sowohl im Einzelnen, als nach geschlossener Untersuchung aus den ganzen Verhandlungen sich ergebenden Resultate, die weitern Beschlüsse zu Einleitung des gerichtlichen Verfahrens fassen.

Anlage 2: Provisorischer Beschluß der Bundesversammlung über die in Ansehung der Universitäten zu ergreifenden Maßregeln[2]

§ 1. Es soll bei jeder Universität ein mit zweckmäßigen Instruktionen und ausgedehnten Befugnissen versehener, am Orte der Universität residierender, außerordentlicher landesherrlicher Bevollmächtigter, entweder in der Person des bisherigen Kurators oder eines andern, von der Regierung dazu tüchtig befundenen Mannes angestellt werden.

Das Amt dieses Bevollmächtigten soll sein, über die strengste Vollziehung der bestehenden Gesetze und Disziplinarvorschriften zu wachen, den Geist, in welchem die akademischen Lehrer bei ihren öffentlichen und Privatvorträgen verfahren, sorgfältig zu beobachten, und demselben, jedoch ohne unmittelbare

2 *von Meyer*, Staats-Acten für Geschichte und öffentliches Recht des Deutschen Bundes, 2. Aufl., S. 138 f.

Einmischung in das Wissenschaftliche und die Lehrmethoden eine heilsame, auf die künftige Bestimmung der studierenden Jugend berechnete Richtung zu geben, endlich allem, was zur Beförderung der Sittlichkeit, der guten Ordnung und des äußern Anstandes unter den Studierenden dienen kann, seine unausgesetzte Aufmerksamkeit zu widmen.

Das Verhältnis dieser außerordentlichen Bevollmächtigten zu den akademischen Senaten soll, so wie alles, was auf die nähere Bestimmung ihres Wirkungskreises und ihrer Geschäftsführung Bezug hat, in den ihnen von ihrer obersten Staatsbehörde zu erteilenden Instruktionen, mit Rücksicht auf die Umstände, durch welche die Ernennung dieser Bevollmächtigten veranlaßt worden ist, so genau als möglich festgesetzt werden.

§ 2. Die Bundesregierungen verpflichten sich gegeneinander, Universitäts- und andere öffentliche Lehrer, die durch erweisliche Abweichung von ihrer Pflicht oder Überschreitung der Grenzen ihres Berufes, durch Mißbrauch ihres rechtmäßigen Einflusses auf die Gemüter der Jugend, durch Verbreitung verderblicher, der öffentlichen Ordnung und Ruhe feindseliger oder die Grundlagen der bestehenden Staatseinrichtungen untergrabender Lehren, ihre Unfähigkeit zu Verwaltung des ihnen anvertrauten wichtigen Amtes unverkennbar an den Tag gelegt haben, von den Universitäten und sonstigen Lehranstalten zu entfernen, ohne daß ihnen hierbei, so lange der gegenwärtige Beschluß in Wirksamkeit bleibt, und bis über diesen Punkt definitive Anordnungen ausgesprochen sein werden, irgend ein Hindernis im Wege stehen könne. Jedoch soll eine Maßregel dieser Art nie anders, als auf den vollständig motivierten Antrag des der Universität vorgesetzten Regierungsbevollmächtigten oder von demselben vorher eingeforderten Bericht beschlossen werden.

Ein auf solche Weise ausgeschlossener Lehrer darf in keinem andern Bundesstaate bei irgendeinem öffentlichen Lehrinstitute wieder angestellt werden.

§ 3. Die seit langer Zeit bestehenden Gesetze gegen geheime oder nichtautorisirte Verbindungen auf den Universitäten sollen in ihrer ganzen Kraft und Strenge aufrechterhalten, und insbesondere auf den seit einigen Jahren gestifteten, unter dem Namen der Allgemeinen Burschenschaft bekannten Verein um so bestimmter ausgedehnt werden, als diesem Verein die schlechterdings unzulässige Voraussetzung einer fortdauernden Gemeinschaft und Korrespondenz zwischen den verschiedenen Universitäten zum Grunde liegt. Den Regierungsbevollmächtigten soll in Ansehung dieses Punktes eine vorzügliche Wachsamkeit zur Pflicht gemacht werden.

Die Regierungen vereinigen sich darüber, daß Individuen, die nach Bekanntmachung des gegenwärtigen Beschlusses erweislich in geheimen oder nichtautorisirten Verbindungen geblieben oder in solche getreten sind, bei keinem öffentlichen Amte zugelassen werden sollen.

§ 4. Kein Studierender, der durch einen von dem Regierungsbevollmächtigten bestätigten oder auf dessen Antrag erfolgten Beschluß eines akademischen Senats von einer Universität verwiesen worden ist, oder der, um einem solchen Beschlusse zu entgehen, sich von der Universität entfernt hat, soll auf einer andern Universität zugelassen, auch überhaupt kein Studierender ohne ein befriedigendes Zeugnis seines Wohlverhaltens auf der von ihm verlassenen Universität von irgend einer andern Universität aufgenommen werden.

Anlage 3: Provisorische Bestimmungen hinsichtlich der Freiheit der Presse[3]

§ 1. Solange als der gegenwärtige Beschluß in Kraft bleiben wird, dürfen Schriften, die in der Form täglicher Blätter oder heftweise erscheinen, desgleichen solche, die nicht über 20 Bogen im Druck stark sind, in keinem deutschen Bundesstaate ohne Vorwissen und vorgängige Genehmhaltung der Landesbehörden zum Druck befördert werden. Schriften, die nicht in eine der hier namhaft gemachten Klassen gehören, werden fernerhin nach den in den einzelnen Bundesstaaten erlassenen oder noch zu erlassenden Gesetzen behandelt. Wenn dergleichen Schriften aber irgendeinem Bundesstaate Anlaß zur Klage geben, so soll diese Klage im Namen der Regierung, an welche sie gerichtet ist, nach den in den einzelnen Bundesstaaten bestehenden Formen, gegen die Verfasser oder Verleger der dadurch betroffenen Schrift erledigt werden.

§ 2. Die zur Aufrechthaltung dieses Beschlusses erforderlichen Mittel und Vorkehrungen bleiben der nähern Bestimmung der Regierungen anheimgestellt; sie müssen jedoch von der Art sein, daß dadurch dem Sinn und Zweck der Hauptbestimmung des § 1 vollständig Genüge geleistet werde.

§ 3. Da der gegenwärtige Beschluß durch die unter den obwaltenden Umständen von den Bundesregierungen anerkannte Notwendigkeit vorbeugender Maßregeln gegen den Mißbrauch der Presse veranlaßt worden ist, so können die auf gerichtliche Verfolgung und Bestrafung der im Wege des Drucks bereits verwirklichten Mißbräuche und Vergehungen abzweckenden Gesetze, in so weit sie auf die im 1 § bezeichneten Klassen von Druckschriften anwendbar sein sollen, so lange dieser Beschluß in Kraft bleibt, in keinem Bundesstaate als zureichend betrachtet werden.

---

3 *von Meyer*, Staats-Acten für Geschichte und öffentliches Recht des Deutschen Bundes, 2. Aufl., S. 140 f.

§ 4. Jeder Bundesstaat ist für die unter seiner Oberaufsicht erscheinenden, mithin für sämtliche unter der Hauptbestimmung des § 1 begriffenen Druckschriften, in so fern dadurch die Würde oder Sicherheit anderer Bundesstaaten verletzt, die Verfassung oder Verwaltung derselben angegriffen wird, nicht nur den unmittelbaren Beleidigten, sondern auch der Gesamtheit des Bundes verantwortlich.

§ 5. Damit aber diese, in dem Wesen des deutschen Bundesvereins gegründete, von dessen Fortdauer unzertrennliche, wechselseitige Verantwortlichkeit nicht zu unnützen Störungen des zwischen den Bundesstaaten obwaltenden freundschaftlichen Verhältnisses Anlaß geben möge, so übernehmen sämtliche Mitglieder des deutschen Bundes die feierliche Verpflichtung gegeneinander, bei der Aufsicht über die in ihren Ländern erscheinenden Zeitungen, Zeit- und Flugschriften mit wachsamen Ernste zu verfahren, und diese Aufsicht dergestalt handhaben zu lassen, daß dadurch gegenseitigen Klagen und unangenehmen Erörterungen auf jede Weise möglichst vorgebeugt werde.

§ 6. Damit jedoch auch die durch gegenwärtigen Beschluß beabsichtigte allgemeine und wechselseitige Gewährleistung der moralischen und politischen Unverletzlichkeit der Gesamtheit und aller Mitglieder des Bundes nicht auf einzelnen Punkten gefährdet werden könne, so soll in dem Fall, wo die Regierung eines Bundesstaates sich durch die in einem andern Bundesstaate erscheinenden Druckschriften verletzt glaubte, und durch freundschaftliche Rücksprache oder diplomatische Korrespondenz zu einer vollständigen Befriedigung und Abhilfe nicht gelangen könnte, derselben ausdrücklich vorbehalten bleiben, über dergleichen Schriften Beschwerde bei der Bundesversammlung zu führen, letztere aber sodann gehalten sein, die angebrachte Beschwerde kommissarisch untersuchen zu lassen und, wenn dieselbe gegründet befunden wird, die unmittelbare Unterdrückung der in Rede stehenden Schrift, auch wenn sie zur Klasse der periodischen gehört, aller fernern Fortsetzung derselben durch einen entscheidenden Ausspruch zu verfügen.

Die Bundesversammlung soll außerdem befugt sein, die zu ihrer Kenntnis gelangenden, unter der Hauptbestimmung des § 1 begriffenen Schriften, in welchem deutschen Staate sie auch erscheinen mögen, wenn solche, nach dem Gutachten einer von ihr ernannten Kommission, der Würde des Bundes, der Sicherheit einzelner Bundesstaaten oder der Erhaltung des Friedens und der Ruhe in Deutschland zuwiderlaufen, ohne vorhergegangene Aufforderung, aus eigener Autorität, durch einen Ausspruch, von welchem keine Appellation stattfindet, zu unterdrücken, und die betreffenden Regierungen sind verpflichtet, diesen Ausspruch zu vollziehen.

§ 7. Wenn eine Zeitung oder Zeitschrift durch einen Ausspruch der Bundesversammlung unterdrückt worden ist, so darf der Redakteur derselben binnen fünf Jahren in keinem Bundesstaate bei der Redaktion einer ähnlichen Schrift zugelassen werden. Die Verfasser, Herausgeber, und Verleger der unter der Hauptbestimmung des § 1 begriffenen Schriften bleiben übrigens, wenn sie den Vorschriften dieses Beschlusses gemäß gehandelt haben, von aller weitern Verantwortung frei, und die in § 6 erwähnten Aussprüche der Bundesversammlung werden ausschließend gegen die Schriften, nie gegen die Personen, gerichtet.

§ 8. Sämtliche Bundesglieder verpflichten sich, in einem Zeitraum von zwei Monaten die Bundesversammlung von den Verfügungen und Vorschriften, durch welche sie dem § 1 dieses Beschlusses Genüge zu leisten gedenken, in Kenntnis zu setzen.

§ 9. Alle in Deutschland erscheinenden Druckschriften, sie mögen unter den Bestimmungen dieses Beschlusses begriffen sein oder nicht, müssen mit dem Namen des Verlegers und, in sofern sie zur Klasse der Zeitungen oder Zeitschriften gehören, auch mit dem Namen des Redakteurs versehen sein. Druckschriften, bei welchen diese Vorschrift nicht beobachtet ist, dürfen in keinem Bundesstaate in Umlauf gesetzt und müssen, wenn solches heimlicherweise geschieht, gleich bei ihrer Erscheinung in Beschlag genommen, auch die Verbreiter derselben, nach Beschaffenheit der Umstände, zu angemessener Geld- oder Gefängnisstrafe verurteilt werden.

§ 10. Der gegenwärtige einstweilige Beschluß soll, vom heutigen Tage an, fünf Jahre lang in Wirksamkeit bleiben. Vor Ablauf dieser Zeit soll am Bundestage gründlich untersucht werden, auf welche Weise die im 18. Artikel der Bundesakte in Anregung gebrachten gleichförmigen Verfügungen über die Preßfreiheit in Erfüllung zu setzen sein möchten, und demnächst ein Definitivbeschluß über die rechtmäßigen Grenzen der Preßfreiheit in Deutschland erfolgen.

Anlage 4: Zur Auflösung der Jenaer Burschenschaft 1819

1. Wir hatten gebauet ein stattliches Haus
und drin auf Gott vertrauet, trotz Wetter, Sturm und Graus.

2. Wir lebten, so traulich, so innig, so frei,
den Schlechten ward es graulich, wir lebten gar zu treu!

3. Sie lugten, sie suchten nach Trug und Verrat,
verleumdeten, verfluchten, die junge grüne Saat!

4. Was Gott in uns legte, die Welt hat's veracht't,
die Einigkeit erregte bei Guten selbst Verdacht!

5. Man schalt es Verbrechen, man täuschte sich sehr;
die Form kann man zerbrechen, die Liebe nimmermehr.

6. Die Form ist zerbrochen, von außen herein,
doch, was man drin gerochen, war eitel Trug und Schein.

7. Das Band ist zerschnitten, war Schwarz, Rot und Gold,
und Gott hat es gelitten, wer weiß was er gewollt!

8. Das Haus mag zerfallen – was hat's dann für Not?
Der Geist lebt in uns allen, und unsre Burg ist Gott!

August Daniel von Binzer, 1819

Stichwortverzeichnis

Quellen- und Literaturverzeichnis

Quellenverzeichnis

Sächsisches Hauptstaatsarchiv Dresden	Acta, die von einer bedeutenden Anzahl Studirender zu Leipzig im dasigen Schützenhaus ungesetzlich abgehaltenen Versammlung betr. Bestand: 11125 Ministerium des Kultus und öffentlichen Unterrichts. Signatur: 10069.
Sächsisches Hauptstaatsarchiv Dresden	Acta, die Gesetze für die Studierenden zu Leipzig betreffend 1831–1846. Bestand: 11125 Ministerium des Kultus und öffentlichen Unterrichts. Signatur: 10053/1.
Sächsisches Hauptstaatsarchiv Dresden	Acta, die verbotenen Verbindungen der Studierenden zu Leipzig und sonst betreffend 1836–1844. Bestand: 11125 Ministerium des Kultus und öffentlichen Unterrichts. Signatur: 10051.
Sächsisches Hauptstaatsarchiv Dresden	Acta, die Verzeichnisse der seit dem Jahre 1822 wegen burschenschaftlicher Verbindungen in Untersuchung gekommenen Studierenden zu Leipzig betreffend. Bestand: 11125 Ministerium des Kultus und öffentlichen Unterrichts. Signatur: 10072.
Sächsisches Hauptstaatsarchiv Dresden	Commissions Acten die Einweisung des Oberhofrichters von Ende betreffend. Bestand: 11125 Ministerium des Kultus und öffentlichen Unterrichts. Signatur: 7493.
Sächsisches Hauptstaatsarchiv Dresden	Die sogenannte Studenten-Burschenschaft an der Universität Leipzig 1818–1820. Bestand: 11125 Ministerium des Kultus und öffentlichen Unterrichts. Signatur: 7462.
Universitätsarchiv Leipzig	Abschrift, die Burschenschaft zu Leipzig betr. (1818/19).

	Bestand: Rektor (1409–1951). Signatur: Rep. II/XVI/I Nr. 5.
Universitätsarchiv Leipzig	Acta, die unter mehreren auf der hiesigen Universität Studierenden unter dem Namen Burschenschaft existierenden Verbindung betr. Bestand: Rektor (1409–1951). Signatur: Rep. II/XVI/I Nr. 10.
Universitätsarchiv Leipzig	Doktorbuch der Juristenfakultät 1810–1902. Bestand: Ehrenpromotionen seit 1805. Signatur: Jur. Fak. I 2 Bd. II.
Universitätsarchiv Leipzig	Jaskolla, Horst: Der Charakter der Leipziger Burschenschaft 1818–1833, Leipzig 1954. Bestand: Dienstbibliothek. Signatur: Bibl. 146.

Literaturverzeichnis

Aus der Geschichte des Corps Lusatia zu Leipzig. Separatabdruck aus Heft 37 der Academischen Monatshefte. Stuttgart 1887.

ALSCHEFSKI, Carl Friedrich Siegmund — Ueber das angebliche Verderben auf den deutschen Universitäten. Berlin 1836.

ASMUS, Helmut — Die studentischen Burschenschaften in der Auseinandersetzung um die bürgerliche Umgestaltung Deutschlands. In: Studentische Burschenschaften und bürgerliche Umwälzung, hrsg. v. Helmut Asmus. Berlin 1992.

BALDER, Hans-Georg — Geschichte der Deutschen Burschenschaft. Hilden 2006.

BALLERSTEDT, Maren — Vom Bamberger zum Frankfurter Burschentag – Politische Aktivierung und Differenzierung der Burschenschaften zwischen 1826/27 und 1831. In: Studentische Burschenschaften und bürgerliche Umwälzung, hrsg. v. Helmut Asmus. Berlin 1992.

BAUER, Erich — Geschichte des Corps Lusatia zu Leipzig 1807–1932. Zeulenroda 1932

BENECKE, Friedrich / **HEINE**, Georg — Geschichte des Corps Saxonia zu Leipzig – 1812 bis 1912. Leipzig 1912.

BESCHORNER, Hans — Johann Paul von Falkenstein. In: Allgemeine Deutsche Biographie, Bd. XLVIII, hrsg. v. d. Historischen Kommission bei der Bayerischen Akademie der Wissenschaften. Leipzig 1904.

BIEDERMANN, Yvonne — Karl Braun (1807–1868): Leben und Werk. Hamburg 2009.

BLASCHKE, Karlheinz — Die Universität Leipzig im Wandel vom Ancien Régime zum bürgerlichen Staat. In: Wissenschafts- und Universitätsgeschichte in Sachsen im 18. und 19. Jahrhundert, hrsg. im Auftrag der Sächsischen Akademie der Wissenschaften zu Leipzig und ihrer Historischen Kommission von Karl Czok. Berlin 1987.

BOTZENHART, Manfred — 1848/49: Europa im Umbruch. Paderborn 1998.

BRAUBACH, Max — Von der Französischen Revolution bis zum Wiener Kongress. In: Handbuch der deutschen

Geschichte, Bd. XIV, hrsg. v. Herbert Grundmann. München 1999.

BRUCHMÜLLER, Wilhelm — Kleine Chronik der Universität Leipzig. Leipzig 1914.

BRUCHMÜLLER, Wilhelm — Das studentische Verbindungsleben der Universität Leipzig, hauptsächlich bis zur Mitte des 19. Jahrhunderts. In: Schriften des Vereins für die Geschichte Leipzigs, Bd. XI, hrsg. v. Verein für die Geschichte Leipzigs. Leipzig 1917.

BRUCHMÜLLER, Wilhelm — Das deutsche Studententum von seinen Anfängen bis zu Gegenwart. Leipzig und Berlin 1922.

BRUCHMÜLLER, Wilhelm — Der Leipziger Student 1409–1909. Leipzig 1909.

BRUCHMÜLLER, Wilhelm — Die Anfänge der Leipziger Burschenschaft. In: Quellen und Darstellungen zur Geschichte der Burschenschaft und der deutschen Einheitsbewegung, Bd. V, hrsg. v. Herman Haupt. Heidelberg 1914.

BRUCHMÜLLER, Wilhelm — Karl Hases Rhein- und Lenzfahrt vom Jahre 1820. In: Quellen und Darstellungen zur Geschichte der Burschenschaft und der deutschen Einheitsbewegung, Bd. VIII, hrsg. v. Herman Haupt. Heidelberg 1925.

BRÜMMER, Manfred — Die staatsrechtliche und hochschulpolitische Funktion der außerordentlichen Regierungsbevollmächtigten 1819–1848, besonders an der Universität Halle-Wittenberg. In: Studentische Burschenschaften und bürgerliche Umwälzung, hrsg. v. Helmut Asmus. Berlin 1992.

BRÜMMER, Manfred — Staat kontra Universität – Die Universität Halle-Wittenberg und die Karlsbader Beschlüsse 1819–1848. Weimar 1991.

BRUNCK, Helma — Die Deutsche Burschenschaft in der Weimarer Republik und im Nationalsozialismus. München 1999.

DEUTSCHE BURSCHENSCHAFT — Verfassung der Deutschen Burschenschaft. Berlin 1904.

DIESTERWEG, Adolph — Die Lebensfrage der Civilisation – Oder: Ueber das Verderben auf den deutschen Universitäten. Essen 1836.

Döring, Detlef — Anfänge der modernen Wissenschaft. In: Geschichte der Universität Leipzig 1409–2009, Bd. I, hrsg. v. Enno Bünz, Manfred Rudersdorf, Detlef Döring. Leipzig 2009.

Döring, Walter / **Schmidt**, Gerhard — Detlev von Einsiedel. In: Neue Deutsche Biographie, Band IV, S. 400 f., hrsg. v. d. Historischen Kommission bei der Bayerischen Akademie der Wissenschaften. Berlin 1959.

Dyroff, Hans-Dieter — Der Wiener Kongress 1814/15 – Die Neuordnung Europas. München 1966.

Eckstein, Friedrich August — Christian Daniel Beck. In: Allgemeine Deutsche Biographie, Band II, S. 210–212, hrsg. v. d. Historischen Kommission bei der Bayerischen Akademie der Wissenschaften. Leipzig 1875.

Engehausen, Frank — Die Revolution von 1848/49. Paderborn 2007.

Faber, Karl-Georg — Student und Politik in der ersten deutschen Burschenschaft. In: Geschichte in Wissenschaft und Unterricht 1970, S. 68–80.

Fick, Richard — Auf Deutschlands hohen Schulen. Berlin, Leipzig 1900.

Fläschendräger, Werner — „Wir trugen vor aller Augen das schwarzrothgoldene Band". Karl August Hase in Leipzig. In: Studentische Burschenschaften und bürgerliche Umwälzung, hrsg. v. Helmut Asmus. Berlin 1992.

Flathe, Heinrich Theodor — Friedrich Albert von Langenn. In: Allgemeine Deutsche Biographie, Bd. XVII, hrsg. v. d. Historischen Kommission bei der Bayerischen Akademie der Wissenschaften. Leipzig 1883.

Flathe, Heinrich Theodor — Hans Georg von Carlowitz. In: Allgemeine Deutsche Biographie, Band III, S. 791, hrsg. v. d. Historischen Kommission bei der Bayerischen Akademie der Wissenschaften. Leipzig 1876.

Franke, Richard Walter — Zensur und Preßaufsicht in Leipzig 1830–1848. Leipzig 1930.

Friedberg, Emil — Die Universität Leipzig in Vergangenheit und Gegenwart. Leipzig 1898.

Geerds, Robert — Aus der Zeit der Demagogenverfolgung. Leipzig 1914.

Gerlach, Otto — Kösener Corps-Listen – Eine Zusammenstellung der Mitglieder der bestehenden und der nach dem Jahre 1867 suspendierten Corps mit Angaben von Jahrgang, Chargen und Personalien. Frankfurt am Main 1930.

GERSDORF, Ernst Gotthelf — Beitrag zur Geschichte der Universität Leipzig – Die Rectoren der Universität Leipzig nebst summarischer Übersicht der Inscriptionen vom Jahre der Gründung bis zur Gegenwart. Leipzig 1869.

GOLÜCKE, Friedhelm — Studentenwörterbuch. 4. Auflage. Würzburg 1987.

HAMMER, Michael — Volksbewegung und Obrigkeiten – Revolution in Sachsen 1830/31. Weimer, Köln, Wien 1997.

HARTUNG, Paul — Illustrierte Weltgeschichte. Berlin 1931.

HASE, Karl von — Ideale und Irrtümer – Jugenderinnerungen. 7. Auflage. Leipzig 1917.

HAUPT, Herman — Handbuch für den Deutschen Burschenschafter. Frankfurt a. M. 1922.

HEER, Georg — Geschichte der Deutschen Burschenschaft – Die Demagogenzeit. In: Quellen und Darstellungen zur Geschichte der Burschenschaft und der deutschen Einheitsbewegung, Bd. X, hrsg. v. Herman Haupt. Heidelberg 1927.

HEER, Georg — Geschichte der Deutschen Burschenschaft – Die Zeit des Progresses. In: Quellen und Darstellungen zur Geschichte der Burschenschaft und der deutschen Einheitsbewegung, Bd. XI, hrsg. v. Herman Haupt. Heidelberg 1929.

HEYDEMANN, Günther — Der Attentäter Karl Ludwig Sand. In: Darstellungen und Quellen zur Geschichte der deutschen Einheitsbewegung im neunzehnten und zwanzigsten Jahrhundert, Bd. XII, hrsg. v. Christian Hünemörder. Heidelberg 1986.

HOLZ, Friedbert — Wilhelm Traugott Krug. In: Neue Deutsche Biographie, Band XIII, S. 114 f., hrsg. v. d. Historischen Kommission bei der Bayerischen Akademie der Wissenschaften. Berlin 1982.

HOYER, Siegfried — Kleine Geschichte der Leipziger Studentenschaft 1409–1989. Leipzig 2010.

HUBER, Ernst Rudolf — Deutsche Verfassungsgeschichte. Band I. Stuttgart 1957.

HÜBNER, Rudolf — Wilhelm Eduard Albrecht. In: Allgemeine Deutsche Biographie, Band XLV, S. 743–750, hrsg. v. d. Historischen Kommission bei der Bayerischen Akademie der Wissenschaften. Leipzig 1900.

HUG, Rudolph — Die Central-Untersuchungs-Commission zu Mainz und die demagogischen Umtriebe in den Burschenschaften der deutschen Universitäten. Leipzig 1831.

JÄGER VON SCHLUMB, August — Der deutsche Student – Ein Beitrag zur Sittengeschichte des neunzehnten Jahrhunderts. Stuttgart 1835.

JÄGER, Roland — Die Erinnerungen des Leipziger Buchhändlers Ludwig Schreck an Revolution und Emigration. In: Laß Recht und Freiheit nicht verderben – Zum 150. Jahrestag der Deutschen Revolution von 1848/49 in Sachsen, hrsg. v. Volker Rodekamp. Leipzig 1998.

JENAK, Rudolf — Sachsen, der Rheinbund und die Exekution der Sachsen betreffenden Entscheidungen des Wiener Kongresses (1803–1816). Neustadt an der Aisch 2005.

KEEGAN, John — Die Maske des Feldherrn – Alexander der Große, Wellington, Grant, Hitler. Weinheim 1997.

KNAAKE, Emil / LEONHARDT, Hans / THIELE, Wolfgang / TORNIUS, Valerian — Geschichte der Leipziger Burschenschaft Germania 1818–1928. Leipzig o. J. (1928).

KÖNIGREICH Sachsen — Gesetz- und Verordnungsblatt für das Königreich Sachsen vom Jahre 1848. Dresden 1848.

KRUG, Wilhelm Traugott — Entwurf zur Wiedergeburt der Universität Leipzig und anderer Hochschulen, welche ihr mehr oder weniger ähnlich sind. Leipzig 1829.

KRUG, Wilhelm Traugott — Leipziger Freuden und Leiden im Jahre 1830. Leipzig 1831

LANGEWIESCHE, Dieter — Europa zwischen Restauration und Revolution 1815–1849. 3. Auflage. München 1993.

LEHMANN, Rudolf — Joachim Leopold Haupt. In: Neue Deutsche Biographie, Band VIII, S. 100, hrsg. v. d. Historischen Kommission bei der Bayerischen Akademie der Wissenschaften. Berlin 1969.

LEIBBRAND, Werner — Leopold August Besser. In: Neue Deutsche Biographie, Band II, S. 182 f., hrsg. v. d. Historischen Kommission bei der Bayerischen Akademie der Wissenschaften. Berlin 1955.

LEONHARDT, Hans — Die älteste Leipziger Burschenschaft (1818–1833). Borna-Leipzig 1913.

LERCHENFELD, Max von — Aus den Papieren des k. b. Staatsministers Maximilian Freiherrn von Lerchenfeld. Nördlingen 1887.

LESER, Emanuel — Hans von Mangold. In: Allgemeine Deutsche Biographie, Band XX, S. 190–193, hrsg. v. d. Historischen Kommission bei der Bayerischen Akademie der Wissenschaften. Leipzig 1884.

LÖNNECKER, Harald — Carl Ludwig Sand. In: Neue Deutsche Biographie, Bd. XXII, hrsg. v. d. Historischen Kommission bei der Bayerischen Akademie der Wissenschaften. Berlin 2005.

LUDWIG, Jörg / NEEMANN, Andreas — Revolution in Sachsen 1848/49. 1. Auflage. Dresden 1999.

MALETTKE, Klaus — Zur politischen Bedeutung des Wartburgfestes im Frühliberalismus. In: Darstellungen und Quellen zur Geschichte der deutschen Einheitsbewegung im neunzehnten und zwanzigsten Jahrhundert, Bd. XIV, hrsg. v. Christian Hünemörder. Heidelberg 1992.

MANN, Golo — Friedrich von Gentz – Gegenspieler Napoleons, Vordenker Europas. 2. Auflage. Frankfurt am Main 1995.

MARCUSE, Herbert — Vernunft und Revolution – Hegel und die Entstehung der Gesellschaftstheorie. 1. Auflage. Frankfurt am Main 1989.

MATZERATH, Josef — Aspekte sächsischer Landtagsgeschichte. Präsidenten und Abgeordnete von 1833 bis 1952, S. 72 f. Sächsischer Landtag. Dresden 2001.

MEYER, Philipp Anton Guido von — Staats-Acten für Geschichte und öffentliches Recht des Deutschen Bundes. Zweiter Teil. 2. Auflage. Franfurt am Main 1833.

MÜLLER, Frank Lorenz — Die Revolution von 1848/49. 2. Auflage. Darmstadt 2006.

MÜLLER, Jürgen — Der Deutsche Bund 1815–1866. München 2006.

NEEMANN, Andreas — Gesellschaftlicher Aufbruch und politische Radikalisierung. In: Laß Recht und Freiheit nicht verderben – Zum 150. Jahrestag der Deutschen Revolution von 1848/49 in Sachsen, hrsg. v. Volker Rodekamp. Leipzig 1998.

Neigebaur, Johann Daniel Ferdinand — Aktenmäßiger Bericht über den geheimen deutschen Bund und das Turnwesen. Leipzig 1831.

Nolte, Jakob — Demagogen und Denunzianten – Denunziation und Verrat als Methode polizeilicher Informationserhebung bei den politischen Verfolgungen im preußischen Vormärz. Schriften zur Rechtsgeschichte, Heft 132. Berlin 2007.

Pagel, Julius — Johann Christian Rosenmüller. In: Allgemeine Deutsche Biographie, Band XXIX, S. 221 f., hrsg. v. d. Historischen Kommission bei der Bayerischen Akademie der Wissenschaften. Leipzig 1889.

Petzholdt, Julius — Dr. Johann Paul Freiherr v. Falkenstein – Sein Leben und Wirken. Dresden 1882.

Petzold, Albert — Die Zentral-Untersuchungs-Kommission in Mainz. In: Quellen und Darstellungen zur Geschichte der Burschenschaft und der deutschen Einheitsbewegung, Bd. V, hrsg. v. Herman Haupt. Heidelberg 1914.

Polster, Georg — Politische Studentenbewegung und bürgerliche Gesellschaft. In: Darstellungen und Quellen zur Geschichte der deutschen Einheitsbewegung im neunzehnten und zwanzigsten Jahrhundert, Bd. XIII, hrsg. v. Christian Hünemörder. Heidelberg 1989.

Rathmann, Lothar — alma mater lipsiensis – Geschichte der Karl-Marx-Universität Leipzig. Leipzig 1987.

Reichel, Peter — Robert Blum – Ein deutscher Revolutionär 1807–1848. Göttingen 2007.

Reusch, Franz Heinrich — Ferdinand Ignaz Herbst. In: Allgemeine Deutsche Biographie, Band XII, S. 48–50, hrsg. v. d. Historischen Kommission bei der Bayerischen Akademie der Wissenschaften. Leipzig 1880.

Salza und Lichtenau, Carl von — Handbuch des Polizeirechts mit besonderer Berücksichtigung der im Königreich Sachsen geltenden Polizeigesetze. Leipzig 1825.

Schieder, Theodor — Vom Deutschen Bund zum Deutschen Reich – 1815–1871. In: Handbuch der deutschen Geschichte, Bd. XV, hrsg. v. Herbert Grundmann. München 1999.

SCHRÖDER, Willi — Die Gründung der Jenaer Burschenschaft, das Wartburgfest und die Turnbewegung 1815–1819. In: Studentische Burschenschaften und bürgerliche Umwälzung, hrsg. v. Helmut Asmus. Berlin 1992.

SCHULZE-WESTEN, Karl — Das Vermächtnis der Urburschenschaft. 2. Auflage. Berlin 1929/30.

SCHWARZ, Anny — Hugo Häpe. In: Neue Deutsche Biographie, Band VII, S. 448 f., hrsg. v. d. Historischen Kommission bei der Bayerischen Akademie der Wissenschaften. Berlin 1966.

SIEMANN, Wolfram — Metternich. Staatsmann zwischen Restauration und Moderne. München 2010.

STEIGER, Günter — Aufbruch – Urburschenschaft und Wartburgfest. 1. Auflage. Leipzig, Jena, Berlin 1967.

STEIGER, Günter — Universitäten und Hochschulen zwischen zwei Revolutionen. In: Magister und Scholaren, Professoren und Studenten – Geschichte deutscher Universitäten und Hochschulen im Überblick, hrsg. v. Günter Steiger und Werner Fläschendräger. Leipzig, Jena, Berlin 1981.

STEIN, Friedrich — Die akademische Gerichtsbarkeit in Deutschland. Leipzig 1891.

STOŸA, Werner-Georg / NOACK, Kurt — Freie Musensöhne – Sitten und Gebräuche der Studenten in Leipzig von ihren Wurzeln bis zur Burschenschaft. München 2009.

SUCHENWIRTH, Richard — Deutsche Geschichte. Leipzig 1937.

UNIVERSITÄT Leipzig — Gesetz für die Studierenden auf der Universität Leipzig. Leipzig 1835.

UNIVERSITÄT Leipzig – Rektor und Senat — Festschrift zur Feier des 500jährigen Bestehens der Universität Leipzig. 2. Band. Leipzig 1909.

VON EINEM OFFIZIER — Die Pressfreiheit der Offiziere seit den Tagen der Karlsbader Beschlüsse von 1819 bis zur Gegenwart. Berlin 1914.

WAWRYKOWA, Maria — Die studentische Bewegung in Deutschland im ersten Jahrzehnt nach dem Wiener Kongress. In: Bourgeoisie und bürgerliche Umwälzung in Deutschland 1789–1871. Festschrift für Karl Obermann, hrsg. v. Helmut Bleiber. Berlin 1977.

WEBER, Eberhard — Die Mainzer Zentraluntersuchungskommission. Karlsruhe 1970.

WEBER, Rolf — Die Revolution in Sachsen 1848/49. Berlin 1970.

WENTZCKE, Paul — Geschichte der Deutschen Burschenschaft – Vor- und Frühzeit. In: Quellen und Darstellungen zur Geschichte der Burschenschaft und der deutschen Einheitsbewegung, Bd. VI, hrsg. v. Herman Haupt. Heidelberg 1919.

WERNER, Eva Maria — Kleine Geschichte der deutschen Revolution von 1848/49. Wien, Köln, Weimar 2009.

WESSELMANN, Alfred — Burschenschafter, Revolutionär, Demokrat. Hermann Kriege und die Freiheitsbewegung 1840–1850. Osnabrück 2002.

WILLMS, Johannes — Talleyrand: Virtuose der Macht. München 2011.

ZURHELLEN, Otto — Karl Hase. In: Quellen und Darstellungen zur Geschichte der Burschenschaft und der deutschen Einheitsbewegung, Bd. VII, Hundert Jahre Deutscher Burschenschaft – Burschenschaftliche Lebensläufe, hrsg. v. Herman Haupt und Paul Wentzcke. Heidelberg 1921.

ZWAHR, Hartmut — Im Übergang zur bürgerlichen Gesellschaft. In: Geschichte der Universität Leipzig 1409–2009, Bd. II, hrsg. v. Hartmut Zwahr und Jens Blecher. Leipzig 2010.

Juristische Zeitgeschichte

Herausgeber: Prof. Dr. Dr. Thomas Vormbaum, FernUniversität in Hagen

Abteilung 1: Allgemeine Reihe

1 *Thomas Vormbaum (Hrsg.):* Die Sozialdemokratie und die Entstehung des Bürgerlichen Gesetzbuchs. Quellen aus der sozialdemokratischen Partei und Presse (1997)
2 *Heiko Ahlbrecht:* Geschichte der völkerrechtlichen Strafgerichtsbarkeit im 20. Jahrhundert (1999)
3 *Dominik Westerkamp:* Pressefreiheit und Zensur im Sachsen des Vormärz (1999)
4 *Wolfgang Naucke:* Über die Zerbrechlichkeit des rechtsstaatlichen Strafrechts. Gesammelte Aufsätze zur Strafrechtsgeschichte (2000)
5 *Jörg Ernst August Waldow:* Der strafrechtliche Ehrenschutz in der NS-Zeit (2000)
6 *Bernhard Diestelkamp:* Rechtsgeschichte als Zeitgeschichte. Beiträge zur Rechtsgeschichte des 20. Jahrhunderts (2001)
7 *Michael Damnitz:* Bürgerliches Recht zwischen Staat und Kirche. Mitwirkung der Zentrumspartei am Bürgerlichen Gesetzbuch (2001)
8 *Massimo Nobili:* Die freie richterliche Überzeugungsbildung. Reformdiskussion und Gesetzgebung in Italien, Frankreich und Deutschland seit dem Ausgang des 18. Jahrhunderts (2001)
9 *Diemut Majer:* Nationalsozialismus im Lichte der Juristischen Zeitgeschichte (2002)
10 *Bianca Vieregge:* Die Gerichtsbarkeit einer „Elite". Nationalsozialistische Rechtsprechung am Beispiel der SS- und Polizeigerichtsbarkeit (2002)
11 *Norbert Berthold Wagner:* Die deutschen Schutzgebiete (2002)
12 *Miloš Vec:* Die Spur des Täters. Methoden der Identifikation in der Kriminalistik (1879–1933), (2002)
13 *Christian Amann:* Ordentliche Jugendgerichtsbarkeit und Justizalltag im OLG-Bezirk Hamm von 1939 bis 1945 (2003)
14 *Günter Gribbohm:* Das Reichskriegsgericht (2004)
15 *Martin M. Arnold:* Pressefreiheit und Zensur im Baden des Vormärz. Im Spannungsfeld zwischen Bundestreue und Liberalismus (2003)
16 *Ettore Dezza:* Beiträge zur Geschichte des modernen italienischen Strafrechts (2004)
17 *Thomas Vormbaum (Hrsg.):* „Euthanasie" vor Gericht. Die Anklageschrift des Generalstaatsanwalts beim OLG Frankfurt/M. gegen Werner Heyde u. a. vom 22. Mai 1962 (2005)
18 *Kai Cornelius:* Vom spurlosen Verschwindenlassen zur Benachrichtigungspflicht bei Festnahmen (2006)
19 *Kristina Brümmer-Pauly:* Desertion im Recht des Nationalsozialismus (2006)
20 *Hanns-Jürgen Wiegand:* Direktdemokratische Elemente in der deutschen Verfassungsgeschichte (2006)
21 *Hans-Peter Marutschke (Hrsg.):* Beiträge zur modernen japanischen Rechtsgeschichte (2006)

22 *Katrin Stoll:* Die Herstellung der Wahrheit (2011)
23 *Thorsten Kurtz:* Das Oberste Rückerstattungsgericht in Herford (2013)
24 *Sebastian Schermaul:* Die Umsetzung der Karlsbader Beschlüsse an der Universität Leipzig 1819–1848 (2013)

Abteilung 2: Forum Juristische Zeitgeschichte

1 *Franz-Josef Düwell / Thomas Vormbaum (Hrsg.):* Themen juristischer Zeitgeschichte (1) – Schwerpunktthema: Recht und Nationalsozialismus (1998)
2 *Karl-Heinz Keldungs:* Das Sondergericht Duisburg 1943–1945 (1998)
3 *Franz-Josef Düwell / Thomas Vormbaum (Hrsg.):* Themen juristischer Zeitgeschichte (2) – Schwerpunktthema: Recht und Juristen in der Revolution von 1848/49 (1998)
4 *Thomas Vormbaum:* Beiträge zur juristischen Zeitgeschichte (1999)
5 *Franz-Josef Düwell / Thomas Vormbaum:* Themen juristischer Zeitgeschichte (3), (1999)
6 *Thomas Vormbaum (Hrsg.):* Themen juristischer Zeitgeschichte (4), (2000)
7 *Frank Roeser:* Das Sondergericht Essen 1942–1945 (2000)
8 *Heinz Müller-Dietz:* Recht und Nationalsozialismus – Gesammelte Beiträge (2000)
9 *Franz-Josef Düwell (Hrsg.):* Licht und Schatten. Der 9. November in der deutschen Geschichte und Rechtsgeschichte – Symposium der Arnold-Freymuth-Gesellschaft, Hamm (2000)
10 *Bernd-Rüdiger Kern / Klaus-Peter Schroeder (Hrsg.):* Eduard von Simson (1810–1899). „Chorführer der Deutschen" und erster Präsident des Reichsgerichts (2001)
11 *Norbert Haase / Bert Pampel (Hrsg.):* Die Waldheimer „Prozesse" – fünfzig Jahre danach. Dokumentation der Tagung der Stiftung Sächsische Gedenkstätten am 28. und 29. September in Waldheim (2001)
12 *Wolfgang Form (Hrsg.):* Literatur- und Urteilsverzeichnis zum politischen NS-Strafrecht (2001)
13 *Sabine Hain:* Die Individualverfassungsbeschwerde nach Bundesrecht (2002)
14 *Gerhard Pauli / Thomas Vormbaum (Hrsg.):* Justiz und Nationalsozialismus – Kontinuität und Diskontinuität. Fachtagung in der Justizakademie des Landes NRW, Recklinghausen, am 19. und 20. November 2001 (2003)
15 *Mario Da Passano (Hrsg.):* Europäische Strafkolonien im 19. Jahrhundert. Internationaler Kongreß des Dipartimento di Storia der Universität Sassari und des Parco nazionale di Asinara, Porto Torres, 25. Mai 2001 (2006)
16 *Sylvia Kesper-Biermann / Petra Overath (Hrsg.):* Die Internationalisierung von Strafrechtswissenschaft und Kriminalpolitik (1870–1930). Deutschland im Vergleich (2007)
17 *Hermann Weber (Hrsg.):* Literatur, Recht und Musik. Tagung im Nordkolleg Rendsburg vom 16. bis 18. September 2005 (2007)
18 *Hermann Weber (Hrsg.):* Literatur, Recht und (bildende) Kunst. Tagung im Nordkolleg Rendsburg vom 21. bis 23. September 2007 (2008)
19 *Francisco Muñoz Conde / Thomas Vormbaum (Hrsg.):* Transformation von Diktaturen in Demokratien und Aufarbeitung der Vergangenheit (2010)

Abteilung 3: Beiträge zur modernen deutschen Strafgesetzgebung. Materialien zu einem historischen Kommentar

1 *Thomas Vormbaum / Jürgen Welp (Hrsg.):* Das Strafgesetzbuch seit 1870. Sammlung der Änderungen und Neubekanntmachungen; Vier Textbände (1999–2002) und drei Supplementbände (2005, 2006)
2 *Christian Müller:* Das Gewohnheitsverbrechergesetz vom 24. November 1933. Kriminalpolitik als Rassenpolitik (1998)
3 *Maria Meyer-Höger:* Der Jugendarrest. Entstehung und Weiterentwicklung einer Sanktion (1998)
4 *Kirsten Gieseler:* Unterlassene Hilfeleistung – § 323c StGB. Reformdiskussion und Gesetzgebung seit 1870. (1999)
5 *Robert Weber:* Die Entwicklung des Nebenstrafrechts 1871–1914 (1999)
6 *Frank Nobis:* Die Strafprozeßgesetzgebung der späten Weimarer Republik (2000)
7 *Karsten Felske:* Kriminelle und terroristische Vereinigungen – §§ 129, 129a StGB (2002)
8 *Ralf Baumgarten:* Zweikampf – §§ 201–210 a.F. StGB (2003)
9 *Felix Prinz:* Diebstahl – §§ 242 ff. StGB (2003)
10 *Werner Schubert / Thomas Vormbaum (Hrsg.):* Entstehung des Strafgesetzbuchs. Kommissionsprotokolle und Entwürfe. Band 1: 1869 (2002); Band 2: 1870 (2004)
11 *Lars Bernhard:* Falsche Verdächtigung (§§ 164, 165 StGB) und Vortäuschen einer Straftat (§ 145d StGB), (2003)
12 *Frank Korn:* Körperverletzungsdelikte – §§ 223 ff., 340 StGB. Reformdiskussion und Gesetzgebung von 1870 bis 1933 (2003)
13 *Christian Gröning:* Körperverletzungsdelikte – §§ 223 ff., 340 StGB. Reformdiskussion und Gesetzgebung seit 1933 (2004)
14 *Sabine Putzke:* Die Strafbarkeit der Abtreibung in der Kaiserzeit und in der Weimarer Zeit. Eine Analyse der Reformdiskussion und der Straftatbestände in den Reformentwürfen (1908–1931), (2003)
15 *Eckard Voßiek:* Strafbare Veröffentlichung amtlicher Schriftstücke (§ 353d Nr. 3 StGB). Gesetzgebung und Rechtsanwendung seit 1851 (2004)
16 *Stefan Lindenberg:* Brandstiftungsdelikte – §§ 306 ff. StGB. Reformdiskussion und Gesetzgebung seit 1870 (2004)
17 *Ninette Barreneche†:* Materialien zu einer Strafrechtsgeschichte der Münchener Räterepublik 1918/1919 (2004)
18 *Carsten Thiel:* Rechtsbeugung – § 339 StGB. Reformdiskussion und Gesetzgebung seit 1870 (2005)
19 *Vera Große-Vehne:* Tötung auf Verlangen (§ 216 StGB), „Euthanasie“ und Sterbehilfe. Reformdiskussion und Gesetzgebung seit 1870 (2005)
20 *Thomas Vormbaum / Kathrin Rentrop (Hrsg.):* Reform des Strafgesetzbuchs. Sammlung der Reformentwürfe. Band 1: 1909 bis 1919. Band 2: 1922 bis 1939. Band 3: 1959 bis 1996 (2008)
21 *Dietmar Prechtel:* Urkundendelikte (§§ 267 ff. StGB). Reformdiskussion und Gesetzgebung seit 1870 (2005)
22 *Ilya Hartmann:* Prostitution, Kuppelei, Zuhälterei. Reformdiskussion und Gesetzgebung seit 1870 (2006)

23 *Ralf Seemann:* Strafbare Vereitelung von Gläubigerrechten (§§ 283 ff., 288 StGB). Reformdiskussion und Gesetzgebung seit 1870 (2006)

24 *Andrea Hartmann:* Majestätsbeleidigung (§§ 94 ff. StGB a.F.) und Verunglimpfung des Staatsoberhauptes (§ 90 StGB). Reformdiskussion und Gesetzgebung seit dem 19. Jahrhundert (2006)

25 *Christina Rampf:* Hausfriedensbruch (§ 123 StGB). Reformdiskussion und Gesetzgebung seit 1870 (2006)

26 *Christian Schäfer:* „Widernatürliche Unzucht" (§§ 175, 175a, 175b, 182, a.F. StGB). Reformdiskussion und Gesetzgebung seit 1945 (2006)

27 *Kathrin Rentrop:* Untreue und Unterschlagung (§§ 266 und 246 StGB). Reformdiskussion und Gesetzgebung seit dem 19. Jahrhundert (2007)

28 *Martin Asholt:* Straßenverkehrsstrafrecht. Reformdiskussion und Gesetzgebung seit dem Ausgang des 19. Jahrhunderts (2007)

29 *Katharina Linka:* Mord und Totschlag (§§ 211–213 StGB). Reformdiskussion und Gesetzgebung seit 1870 (2008)

30 *Juliane Sophia Dettmar:* Legalität und Opportunität im Strafprozess. Reformdiskussion und Gesetzgebung von 1877 bis 1933 (2008)

31 *Jürgen Durynek:* Korruptionsdelikte (§§ 331 ff. StGB). Reformdiskussion und Gesetzgebung seit dem 19. Jahrhundert (2008)

32 *Judith Weber:* Das sächsische Strafrecht im 19. Jahrhundert bis zum Reichsstrafgesetzbuch (2009)

33 *Denis Matthies:* Exemplifikationen und Regelbeispiele. Eine Untersuchung zum 100-jährigen Beitrag von Adolf Wach zur „Legislativen Technik" (2009)

34 *Benedikt Rohrßen:* Von der „Anreizung zum Klassenkampf" zur „Volksverhetzung" (§ 130 StGB). Reformdiskussion und Gesetzgebung seit dem 19. Jahrhundert (2009)

35 *Friederike Goltsche:* Der Entwurf eines Allgemeinen Deutschen Strafgesetzbuches von 1922 (Entwurf Radbruch) (2010)

36 *Tarig Elobied:* Die Entwicklung des Strafbefehlsverfahrens von 1846 bis in die Gegenwart (2010)

37 *Christina Müting:* Sexuelle Nötigung; Vergewaltigung (§ 177 StGB) (2010)

38 *Nadeschda Wilkitzki:* Entstehung des Gesetzes über Internationale Rechtshilfe in Strafsachen (IRG) (2010)

39 *André Brambring:* Kindestötung (§ 217 a.F. StGB). Reformdiskussion und Gesetzgebung seit 1870 (2010)

40 *Wilhelm Rettler:* Der strafrechtliche Schutz des sozialistischen Eigentums in der DDR (2010)

41 *Yvonne Hötzel:* Debatten um die Todesstrafe in der Bundesrepublik Deutschland von 1949 bis 1990 (2010)

42 *Dagmar Kolbe:* Strafbarkeit im Vorfeld und im Umfeld der Teilnahme (§§ 88a, 110, 111, 130a und 140 StGB). Reformdiskussion und Gesetzgebung seit dem 19. Jahrhundert (2011)

Abteilung 4: Leben und Werk. Biographien und Werkanalysen

1 *Mario A. Cattaneo:* Karl Grolmans strafrechtlicher Humanismus (1998)
2 *Gerit Thulfaut:* Kriminalpolitik und Strafrechtstheorie bei Edmund Mezger (2000)
3 *Adolf Laufs:* Persönlichkeit und Recht. Gesammelte Aufsätze (2001)
4 *Hanno Durth:* Der Kampf gegen das Unrecht. Gustav Radbruchs Theorie eines Kulturverfassungsrechts (2001)
5 *Volker Tausch:* Max Güde (1902–1984). Generalbundesanwalt und Rechtspolitiker (2002)
6 *Bernd Schmalhausen:* Josef Neuberger (1902–1977). Ein Leben für eine menschliche Justiz (2002)
7 *Wolf Christian von Arnswald:* Savigny als Strafrechtspraktiker. Ministerium für die Gesetzesrevision (1842–1848), (2003)
8 *Thilo Ramm:* Ferdinand Lassalle. Der Revolutionär und das Recht (2004)
9 *Martin D. Klein:* Demokratisches Denken bei Gustav Radbruch (2007)
10 *Francisco Muñoz Conde:* Edmund Mezger – Beiträge zu einem Juristenleben (2007)
11 *Whitney R. Harris:* Tyrannen vor Gericht. Das Verfahren gegen die deutschen Hauptkriegsverbrecher nach dem Zweiten Weltkrieg in Nürnberg 1945–1946 (2008)
12 *Eric Hilgendorf (Hrsg.):* Die deutschsprachige Strafrechtswissenschaft in Selbstdarstellungen (2010)
13 *Tamara Cipolla:* Friedrich Karl von Strombeck. Leben und Werk – Unter besonderer Berücksichtigung des Entwurfes eines Strafgesetzbuches für ein Norddeutsches Staatsgebiet (2010)
14 *Karoline Peters:* J. D. H. Temme und das preußische Strafverfahren in der Mitte des 19. Jahrhunderts (2010)

Abteilung 5: Juristisches Zeitgeschehen Rechtspolitik und Justiz aus zeitgenössischer Perspektive

Mitherausgegeben von Gisela Friedrichsen („Der Spiegel“)
und RA Prof. Dr. Franz Salditt

1 *Diether Posser:* Anwalt im Kalten Krieg. Ein Stück deutscher Geschichte in politischen Prozessen 1951–1968. 3. Auflage (1999)
2 *Jörg Arnold (Hrsg.):* Strafrechtliche Auseinandersetzung mit Systemvergangenheit am Beispiel der DDR (2000)
3 *Thomas Vormbaum (Hrsg.):* Vichy vor Gericht: Der Papon-Prozeß (2000)
4 *Heiko Ahlbrecht / Kai Ambos (Hrsg.):* Der Fall Pinochet(s). Auslieferung wegen staatsverstärkter Kriminalität? (1999)
5 *Oliver Franz:* Ausgehverbot für Jugendliche („Juvenile Curfew“) in den USA. Reformdiskussion und Gesetzgebung seit dem 19. Jahrhundert (2000)
6 *Gabriele Zwiehoff (Hrsg.):* „Großer Lauschangriff“. Die Entstehung des Gesetzes zur Änderung des Grundgesetzes vom 26. März 1998 und des Gesetzes zur Änderung der Strafprozeßordnung vom 4. Mai 1998 in der Presseberichterstattung 1997/98 (2000)

7 *Mario A. Cattaneo:* Strafrechtstotalitarismus. Terrorismus und Willkür (2001)
8 *Gisela Friedrichsen / Gerhard Mauz:* Er oder sie? Der Strafprozeß Böttcher/Weimar. Prozeßberichte 1987 bis 1999 (2001)
9 *Heribert Prantl / Thomas Vormbaum (Hrsg.):* Juristisches Zeitgeschehen 2000 in der Süddeutschen Zeitung (2001)
10 *Helmut Kreicker:* Art. 7 EMRK und die Gewalttaten an der deutsch-deutschen Grenze (2002)
11 *Heribert Prantl / Thomas Vormbaum (Hrsg.):* Juristisches Zeitgeschehen 2001 in der Süddeutschen Zeitung (2002)
12 *Henning Floto:* Der Rechtsstatus des Johanniterordens. Eine rechtsgeschichtliche und rechtsdogmatische Untersuchung zum Rechtsstatus der Balley Brandenburg des ritterlichen Ordens St. Johannis vom Spital zu Jerusalem (2003)
13 *Heribert Prantl / Thomas Vormbaum (Hrsg.):* Juristisches Zeitgeschehen 2002 in der Süddeutschen Zeitung (2003)
14 *Kai Ambos / Jörg Arnold (Hrsg.):* Der Irak-Krieg und das Völkerrecht (2004)
15 *Heribert Prantl / Thomas Vormbaum (Hrsg.)*: Juristisches Zeitgeschehen 2003 in der Süddeutschen Zeitung (2004)
16 *Sascha Rolf Lüder:* Völkerrechtliche Verantwortlichkeit bei Teilnahme an „Peace-keeping"-Missionen der Vereinten Nationen (2004)
17 *Heribert Prantl / Thomas Vormbaum (Hrsg.)*: Juristisches Zeitgeschehen 2004 in der Süddeutschen Zeitung (2005)
18 *Christian Haumann:* Die „gewichtende Arbeitsweise" der Finanzverwaltung. Eine Untersuchung über die Aufgabenerfüllung der Finanzverwaltung bei der Festsetzung der Veranlagungssteuern (2008)
19 *Asmerom Ogbamichael:* Das neue deutsche Geldwäscherecht (2011)
20 *Lars Chr. Barnewitz:* Die Entschädigung der Freimaurerlogen nach 1945 und nach 1989 (2011)
21 *Ralf Gnüchtel:* Jugendschutztatbestände im 13. Abschnitt des StGB (2013)

Abteilung 6: Recht in der Kunst

Mitherausgegeben von Prof. Dr. Gunter Reiß

1 *Heinz Müller-Dietz:* Recht und Kriminalität im literarischen Widerschein. Gesammelte Aufsätze (1999)
2 *Klaus Lüderssen (Hrsg.):* »Die wahre Liberalität ist Anerkennung«. Goethe und die Juris prudenz (1999)
3 *Bertolt Brecht:* Die Dreigroschenoper (1928) / Dreigroschenroman (1934). Mit Kommentaren von Iring Fetscher und Bodo Plachta (2001)
4 *Annette von Droste-Hülshoff:* Die Judenbuche (1842) / Die Vergeltung (1841). Mit Kommentaren von Heinz Holzhauer und Winfried Woesler (2000)
5 *Theodor Fontane:* Unterm Birnbaum (1885). Mit Kommentaren von Hugo Aust und Klaus Lüderssen (2001)
6 *Heinrich von Kleist:* Michael Kohlhaas (1810). Mit Kommentaren von Wolfgang Naucke und Joachim Linder (2000)
7 *Anja Sya:* Literatur und juristisches Erkenntnisinteresse. Joachim Maass' Roman „Der Fall Gouffé" und sein Verhältnis zu der historischen Vorlage (2001)

8 *Heiner Mückenberger:* Theodor Storm – Dichter und Richter. Eine rechtsgeschichtliche Lebensbeschreibung (2001)
9 *Hermann Weber (Hrsg.):* Annäherung an das Thema „Recht und Literatur". Recht, Literatur und Kunst in der NJW (1), (2002)
10 *Hermann Weber (Hrsg.):* Juristen als Dichter. Recht, Literatur und Kunst in der NJW (2), (2002)
11 *Hermann Weber (Hrsg.):* Prozesse und Rechtsstreitigkeiten um Recht, Literatur und Kunst. Recht, Literatur und Kunst in der NJW (3), (2002)
12 *Klaus Lüderssen:* Produktive Spiegelungen. 2., erweiterte Auflage (2002)
13 *Lion Feuchtwanger:* Erfolg. Drei Jahre Geschichte einer Provinz. Roman (1929). Mit Kommentaren von Theo Rasehorn und Ernst Ribbat (2002)
14 *Jakob Wassermann:* Der Fall Maurizius. Roman (1928). Mit Kommentaren von Thomas Vormbaum und Regina Schäfer (2003)
15 *Hermann Weber (Hrsg.):* Recht, Staat und Politik im Bild der Dichtung. Recht, Literatur und Kunst in der Neuen Juristischen Wochenschrift (4), (2003)
16 *Hermann Weber (Hrsg.):* Reale und fiktive Kriminalfälle als Gegenstand der Literatur. Recht, Literatur und Kunst in der Neuen Juristischen Wochenschrift (5), (2003)
17 *Karl Kraus:* Sittlichkeit und Kriminalität. (1908). Mit Kommentaren von Helmut Arntzen und Heinz Müller-Dietz (2004)
18 *Hermann Weber (Hrsg.):* Dichter als Juristen. Recht, Literatur und Kunst in der Neuen Juristischen Wochenschrift (6), (2004)
19 *Hermann Weber (Hrsg.):* Recht und Juristen im Bild der Literatur. Recht, Literatur und Kunst in der Neuen Juristischen Wochenschrift (7), (2005)
20 *Heinrich von Kleist:* Der zerbrochne Krug. Ein Lustspiel (1811). Mit Kommentaren von Michael Walter und Regina Schäfer (2005)
21 *Francisco Muñoz Conde / Marta Muñoz Aunión:* „Das Urteil von Nürnberg". Juristischer und filmwissenschaftlicher Kommentar zum Film von Stanley Kramer (1961), (2006)
22 *Fjodor Dostojewski:* Aufzeichnungen aus einem Totenhaus (1860). Mit Kommentaren von Heinz Müller-Dietz und Dunja Brötz (2005)
23 *Thomas Vormbaum (Hrsg.):* Anton Matthias Sprickmann. Dichter und Jurist. Mit Kommentaren von Walter Gödden, Jörg Löffler und Thomas Vormbaum (2006)
24 *Friedrich Schiller:* Verbrecher aus Infamie (1786). Mit Kommentaren von Heinz Müller-Dietz und Martin Huber (2006)
25 *Franz Kafka:* Der Proceß. Roman (1925). Mit Kommentaren von Detlef Kremer und Jörg Tenckhoff (2006)
26 *Heinrich Heine:* Deutschland. Ein Wintermährchen. Geschrieben im Januar 1844. Mit Kommentaren von Winfried Woesler und Thomas Vormbaum (2006)
27 *Thomas Vormbaum (Hrsg.):* Recht, Rechtswissenschaft und Juristen im Werk Heinrich Heines (2006)
28 *Heinz Müller-Dietz:* Recht und Kriminalität in literarischen Spiegelungen (2007)
29 *Alexander Puschkin:* Pique Dame (1834). Mit Kommentaren von Barbara Aufschnaiter/Dunja Brötz und Friedrich-Christian Schroeder (2007)

30 *Georg Büchner:* Danton's Tod. Dramatische Bilder aus Frankreichs Schreckensherrschaft. Mit Kommentaren von Sven Kramer und Bodo Pieroth (2007)
31 *Daniel Halft:* Die Szene wird zum Tribunal! Eine Studie zu den Beziehungen von Recht und Literatur am Beispiel des Schauspiels „Cyankali" von Friedrich Wolf (2007)
32 *Erich Wulffen:* Kriminalpsychologie und Psychopathologie in Schillers Räubern (1907). Herausgegeben von Jürgen Seul (2007)
33 *Klaus Lüderssen:* Produktive Spiegelungen: Recht in Literatur, Theater und Film. Band II (2007)
34 *Albert Camus:* Der Fall. Roman (1956). Mit Kommentaren von Brigitte Sändig und Sven Grotendiek (2008)
35 *Thomas Vormbaum (Hrsg.):* Pest, Folter und Schandsäule. Der Mailänder Prozess wegen „Pestschmierereien" in Rechtskritik und Literatur. Mit Kommentaren von Ezequiel Malarino und Helmut C. Jacobs (2008)
36 *E. T. A. Hoffmann:* Das Fräulein von Scuderi – Erzählung aus dem Zeitalter Ludwigs des Vierzehnten (1819). Mit Kommentaren von Heinz Müller-Dietz und Marion Bönnighausen (2010)
37 *Leonardo Sciascia:* Der Tag der Eule. Mit Kommentaren von Gisela Schlüter und Daniele Negri (2010)
38 *Franz Werfel:* Eine blaßblaue Frauenschrift. Novelle (1941). Mit Kommentaren von Matthias Pape und Wilhelm Brauneder (2011)
39 *Thomas Mann:* Das Gesetz. Novelle (1944). Mit Kommentaren von Volker Ladenthin und Thomas Vormbaum (2013)

Abteilung 7: Beiträge zur Anwaltsgeschichte

Mitherausgegeben von Gerhard Jungfer, Dr. Tilmann Krach
und Prof. Dr. Hinrich Rüping

1 *Babette Tondorf:* Strafverteidigung in der Frühphase des reformierten Strafprozesses. Das Hochverratsverfahren gegen die badischen Aufständischen Gustav Struve und Karl Blind (1848/49), (2006)
2 *Hinrich Rüping:* Rechtsanwälte im Bezirk Celle während des Nationalsozialismus (2007)

Abteilung 8: Judaica

1 *Hannes Ludyga:* Philipp Auerbach (1906–1952). „Staatskommissar für rassisch, religiös und politisch Verfolgte" (2005)
2 *Thomas Vormbaum:* Der Judeneid im 19. Jahrhundert, vornehmlich in Preußen. Ein Beitrag zur juristischen Zeitgeschichte (2006)
3 *Hannes Ludyga:* Die Rechtsstellung der Juden in Bayern von 1819 bis 1918. Studie im Spiegel der Verhandlungen der Kammer der Abgeordneten des bayerischen Landtags (2007)

FSC
www.fsc.org
MIX
Papier | Fördert gute Waldnutzung
FSC® C083411

Kolibri 360 GmbH
Ferdinand-Jühlke-Straße 7
99095 Erfurt, Deutschland
produktsicherheit@kolibri360.de